toutes les races de chats

multiguide nature

toutes les races de chats

R.-P. Audras

sous la direction
de Hervé CHAUMETON

Bordas

L'auteur tient à remercier Madame Claude ROSSI et Mademoiselle Martine CAILLARD, juges internationaux, pour les précisions et les conseils qu'elles ont bien voulu apporter dans la définition des standards et les choix iconographiques.

Ouvrage créé par A.T.P.

Révision, correction : Jean-Bernard RIOUAL
Mise en pages : Évelyne CORNILLE
Secrétariat d'édition : Thierry DESCAMPS

ISBN : 2-04-016363-8
Dépôt légal : janvier 1988
Achevé d'imprimer en janvier 1988
par Graficas Estella - Espagne

INTRODUCTION

L'ORIGINE DU CHAT

Après avoir créé l'Homme, pourtant à son image et à sa ressemblance, Dieu soupira longuement : « Ce n'est pas tellement facile de devoir tout imaginer, même quand on est infiniment intelligent ! ». Alors, il créa le Chat. Il le contempla, puis le divin visage s'éclaira d'un sourire. Et le Créateur déclara : « Cette fois, mon Œuvre est merveilleuse dans sa perfection. Je ne ferai jamais rien de mieux que le Chat ». Et, extrêmement satisfait, Dieu alla se reposer.

Cette explication de la naissance du Chat n'a évidemment rien de fondé. Mais comme les scientifiques n'ont pas encore tout à fait établi les circonstances de son apparition sur notre planète, on peut rêver qu'il en fut ainsi.

La naissance du Chat se perd en fait dans la nuit des temps. Nombre d'autres légendes nous renseignent non seulement sur l'endroit, mais aussi sur le moment de sa venue, tout à fait privilégiés dans l'histoire de l'humanité. Tels ces deux récits qui font naître cet ami de l'homme sur l'Arche de Noé.

Comme le couple de Souris embarqué amena rapidement la prolifération de la gent trotte-menu, les autres animaux se plaignirent à Noé de cette présence encombrante et du pillage effronté de la nourriture auquel elle se livrait. Noé, embarrassé, demanda conseil au Lion. Le roi des animaux, après l'avoir attentivement écouté, éternua par deux fois. De ses narines jaillirent deux lions miniatures qui, immédiatement, bondirent sur les Souris. L'équilibre entre toutes les races se rétablit et Noé débarqua, après le Déluge, une race supplémentaire sur la Terre.

Selon une autre version, le Chat serait le résultat d'une infidélité. Le Lion, occupé à régenter ses sujets, négligeait la Lionne qui se laissa alors courtiser par un Grand Singe. Constatant son infortune, le Lion voulut tuer les deux coupables, ce à quoi Noé s'opposa. Dieu l'avait chargé de ramener vivants sur le sol tous les couples embarqués, car ils allaient repeupler la Terre.

Alors, il punit la Lionne en condamnant sa portée à ne jamais grandir. A titre de compensation, puisqu'ils n'étaient pas responsables de la faute commise par leur mère, les lionceaux reçurent le courage du Lion et l'intelligence du Singe, qualités que l'on reconnaît depuis toujours au Chat.

Plus sérieusement, on le conçoit, et compte tenu de l'appartenance du Chat à la famille des Félidés, on peut dire qu'il s'agit d'un carnivore fissipède ou carnivore terrestre, par opposition aux carnivores pinnipèdes qui sont des carnivores marins.

Les Fissipèdes trouvent leur origine dans le groupe des Miacoïdes, constitué de la seule famille des Miacidés, qui disparaîtra en tant que telle au tout début de l'Oligocène. De ce rameau originel se sont différenciés quatre grands groupes de carnivores : les Canoïdes dont sont issus les Canidés, et une autre famille éteinte aujourd'hui : les Arctoïdes, dont sont issus les Ursidés, les Mustélidés, les Procyonidés ; les Herpestoïdes dont sont issus les Viverridés et les Hyénidés ; et enfin les Féloïdes, constitués de la seule famille des Félidés, qui regroupe tous les chats au sens large (chats actuels, lions, guépards, etc.).

Chats sauvages européens.

En revanche, le problème de la « proche » origine du chat actuel n'est pas encore tout à fait élucidé. Certains auteurs considèrent qu'il serait issu d'un grand félin aux canines en lame de cimeterre du genre *Machairodon,* qui disparut au Quaternaire. Cette hypothèse est loin de faire l'unanimité et d'autres paléontologues considèrent que le chat actuel aurait dérivé d'une lignée indépendante de celle de l'animal précédent : la lignée *Pseudailurus.*

Quoi qu'il en soit, la forme des chats actuels se précise nettement dès l'Oligocène. Cependant, quelques différences subsistent encore, en particulier concernant la denture et la longueur des pattes. Elles disparaîtront peu à peu pour faire place, au Pliocène, à un groupe pratiquement identique à celui que nous connaissons aujourd'hui et qui produira, à l'Holocène, le groupe des Chats sauvages, le genre *Felis.*
Si l'origine du Chat reste mystérieuse, le fait qu'il soit répandu sur tous les continents et sous des aspects aussi divers l'est presque autant, même si l'on sait que les explorateurs et les marchands contribuèrent pour beaucoup à son expansion dans le monde.
D'autres questions restent sans vraie réponse. Celle notamment concernant l'origine du chat domestique. Il est difficile d'attribuer à celui-ci une généalogie précise. On pense généralement qu'il serait issu de croisements de plusieurs types sauvages, en particulier des espèces *Felis ornata,* chat des steppes du Sud-Ouest asiatique, et *Felis libyca,* chat sauvage africain, importées en Europe et par la suite hybridées avec l'espèce *Felis silvestris.*
Les premières traces de domestication du Chat remontent à l'ancienne Égypte. Les Égyptiens, en effet, vénéraient cet animal, qu'ils momifiaient et inhumaient dans des cimetières réservés.

LES CHATS EN LIBERTÉ DANS LE MONDE

Malgré la chasse que l'homme leur a livrée pour s'approprier leur fourrure, les chats sauvages ont survécu. Un certain nombre d'espèces existent aujourd'hui. Reculant peu à peu devant l'expansionnisme humain, celles-ci se sont réfugiées dans des régions d'accès difficile. On compte actuellement une vingtaine d'espèces, mais on ne peut affirmer que toutes soient encore représentées tant elles sont menacées.

Le Chat sauvage d'Europe

Felis silvestris est, comme son nom l'indique, un chat des forêts. Encore assez répandu en Europe, il vit dans des retraites profondes. En France, il hante les forêts touffues dans l'Est, le Centre et aussi dans les montagnes, jusqu'à 500 ou 600 mètres d'altitude, où ce champion du camouflage sait se dissimuler. On le signale parfois en des endroits où il est absent... car on le confond souvent avec le chat haret, un chat domestique qui a repris sa liberté et qui vit en pleine nature.
Le Chat sauvage d'Europe, doté d'une musculature extrêmement solide, est un animal imposant dont la longueur, queue comprise (30 cm), peut atteindre 1 m, pour un poids proche de 8 kg. Il porte en lui quelque chose de féroce.

Ce chat mène une existence solitaire et farouche. A l'époque des amours, dans la nuit printanière, la forêt s'emplit de grondements, de cris, et l'on peut percevoir les échos de la lutte furieuse que mâle et femelle se livrent avant l'accouplement. La femelle met bas trois ou quatre petits par portée, qu'elle élève seule avec un courage de tous les instants.

Felis silvestris se nourrit de toutes sortes de proies, surtout de petits rongeurs comme le mulot et le campagnol. Il croque aussi des oiseaux, des reptiles et des gros insectes.

De loin, il ressemble un peu à l'Européen tigré, mais on note, outre sa taille, de réelles différences morphologiques. Le Chat sauvage d'Europe porte ses oreilles presque à l'horizontale ; ses moustaches sont très longues, et sa queue, très touffue et annelée de noir, est en forme de massue. La fourrure de l'animal, épaisse et serrée, est brun-roux rayé de noir. Celle-ci fut très convoitée par le passé ; on la recherchait pour se vêtir. En outre, on attribuait à la peau de chat des vertus curatives : elle préservait entre autres, dit-on, des refroidissements. Pourchassé, traqué, le Chat sauvage d'Europe dut renforcer ses systèmes de défense : c'est ainsi qu'il se créa des retraites pratiquement inviolables et qu'il apprit à se camoufler de façon absolument remarquable...

Chat sauvage européen (Felis silvestris).

Les Chats sauvages d'Afrique

On compte encore en Afrique plusieurs races de chats en liberté. Malheureusement, leurs effectifs diminuent sérieusement et il est probable que certaines espèces aient déjà disparu, tel le magnifique Chat doré que Temminck découvrit au début du siècle dernier.

Chat de Cafrerie (Felis libyca).

Le Chat de Cafrerie *(Felis libyca)*

Le Chat de Cafrerie a nomadisé de l'Afrique à l'Asie du Sud-Est. Appelé aussi Chat ganté ou Kaffir, ce chat est probablement un des véritables ancêtres du chat domestique européen, auquel il ressemble d'ailleurs. Il aurait été importé en Europe par les légionnaires romains qui avaient séjourné en Égypte. Haut sur pattes et longiligne, il possède une tête ronde aux oreilles plantées droit. La fourrure, serrée et courte, est rayée de noir sur le dos et les flancs. Sa queue porte des anneaux réguliers. Dissimulé dans un trou de rocher ou perché sur un arbre, il ne sort que la nuit pour chasser les petits oiseaux, les reptiles, les rongeurs. La femelle met bas deux à quatre petits par portée, qu'elle soigne avec amour.

Le Chaus *(Felis chaus)*

Le Chaus est un voyageur étonnant. Il a d'abord circulé dans toute l'Afrique puis s'est répandu dans l'Asie du Sud, parvenant même à se rendre dans l'île de Ceylan.

Le Chaus, au corps souple et puissant, possède une tête relativement petite et porte ses oreilles à l'horizontale. Sa fourrure gris-brun s'orne de reflets sombres ; sa queue et ses pattes sont annelées.

Le poids de ce gros chat peut atteindre 10 kg. On l'appelle aussi Chat des marais, car il fréquente les endroits marécageux pour y chasser le gibier d'eau. Il se nourrit de canards, de faisans, de perdrix, de lapins et sait apprécier, occasionnellement, un bon poulet de ferme. Animal nocturne comme tous ses congénères, il n'hésite pas à poursuivre sa chasse bien après le lever du jour s'il estime ne pas avoir assez mangé. A la période des amours, les mâles engagent entre eux des combats d'une violence extrême dont le vainqueur sort aussi ensanglanté que le vaincu. La femelle, elle-même, ne se soumet qu'après avoir résisté âprement. Elle met au monde trois à cinq petits par portée, qu'elle élève dans un terrier parfaitement camouflé.

Le Chat des sables *(Felis margarita)*

Ce beau chat doit son nom au général Margueritte, père des écrivains Paul et Victor Margueritte, qui le découvrit dans le sud de l'Algérie, à la limite du Sahara.

De petite taille – il pèse moins de 3 kg –, le Chat des sables arbore une fourrure gris-brun avec de fines rayures. Son poil est doux au toucher et près du corps. Sa tête est rayée de noir, et une marque, également noire, orne ses oreilles. Ses yeux, de couleur jaune, se montrent très expressifs.

Le Chat des sables doit souvent, pour se nourrir, livrer combat aux petits rongeurs mais aussi aux fennecs ou aux uromastyx, plus connus sous le nom de fouette-queues.

Le Chat à pieds noirs *(Felis negripes)*

Ce chat peuplait autrefois toute l'Afrique du Sud mais, chassé par l'homme, il s'est réfugié dans l'État libre d'Orange et dans le désert de

Kalahari. *Felis negripes* est le plus petit de tous les chats. Son poids ne dépasse jamais 2 kg. Il chasse le jour ; la couleur fauve de sa fourrure lui permet de se déplacer au soleil sans qu'on l'aperçoive réellement. Il approche ainsi les rongeurs ou les petits oiseaux qui composent ses menus. Capturé jeune, il s'apprivoise facilement et peut être marié à un chat domestique : les deux ou trois petits que la mère mettra bas ne feront preuve d'aucune agressivité.
Bas sur pattes, il possède une tête très fine et un cou puissant. Sa robe fauve est légèrement tachetée. Son nom lui vient du fait que la plante de ses pieds est noire.

Le Chat doré d'Afrique *(Felis aurata)*
Lorsque le naturaliste hollandais Conrad-Jacob Temminck le découvrit, *Felis aurata* vivait encore en nombre dans la région située entre le Congo et la Sierra Leone. Aujourd'hui, l'espèce s'est peut-être éteinte. Sa robe, d'un brun à la fois doré et chaud qui prend bizarrement une teinte gris terne lorsque ce chat vit en captivité, en fait un des plus beaux représentants de la race féline. Très élégant avec sa tête fine et son regard profond, le Chat doré peut atteindre jusqu'à 1 m de longueur, queue comprise (30 cm). Il se nourrit de toutes les proies qu'il parvient à capturer ; on l'a surnommé Chat-pard du fait de sa propension à « chaparder » la volaille du poulailler.

Les Chats sauvages d'Asie

Le vaste continent asiatique recèle quelques régions vierges de toute colonisation humaine ; là, les chats en liberté ont trouvé un terrain propice à leur survie, sinon à leur expansion.

Le Manul *(Felis manul)*
Le naturaliste allemand Peter Simon Pallas découvrit ce chat en 1778 et le décrivit : naturellement, le Manul porte aussi, aujourd'hui, le nom de Chat de Pallas.
Cet animal vit dans les contrées peu fréquentées de la mer Caspienne, du Tibet, de la Mongolie ou de la Chine de l'Ouest. Certains estiment qu'il s'agit de l'ancêtre de tous les chats asiatiques !
Le Manul a la fourrure abondante, rayée sur fond brun orangé ; il pèse 3 à 4 kg et possède une tête plutôt fine, encadrée de « favoris », aux petites oreilles très espacées. Sa queue, courte et épaisse, est très touffue. Vif, bon grimpeur, ce chat traque de nuit les rongeurs et les petits oiseaux.

Le Chat marbré *(Felis marmorata)*
Ce chat magnifique vit dans les basses régions de l'Himalaya, en Birmanie, en Malaisie et dans les îles de Sumatra et de Bornéo. Très méfiant, il ne se laisse pas approcher ; aussi ne possède-t-on que peu de rensei-

Chats marbrés (Felis marmorata).

gnements sur sa vie. Il affectionne les régions marécageuses, ce qui laisse supposer qu'il se nourrit de poissons autant que de gibier terrestre.

Sa tête, fine, prolonge un corps longiligne qui se termine par une longue queue marquée d'anneaux noirs. Haut sur pattes et très élancé, le Chat marbré arbore un pelage où se dessinent de grandes plaques couvrant le dos et des séries de taches ponctuant le ventre et l'arrière-train ; son long cou porte une tête au front orné de rayures noires.

Le Chat du Bengale *(Felis bengalensis)*

Ce chat peuple en nombre les forêts de toute l'Asie du Sud-Est ainsi que les îles de la Sonde.
Son courage, sa férocité et l'acharnement dont il fait preuve lorsqu'il poursuit une proie le rapprochent d'une petite panthère. Ce chat en liberté est des plus difficiles à apprivoiser.
Poussé par la faim, il n'hésite pas à attaquer des animaux d'une taille supérieure à la sienne et rôde autour des fermes pour déguster à l'occasion une poule... ou une chèvre !
Son poids peut varier de 3 à 5 kg. Son pelage brun-fauve, clair sur le ventre et la poitrine, est tacheté de lignes très lâches.

Le Chat de Temminck *(Felis temmincki)*

La ressemblance de ce chat de Malaisie avec le Chat doré africain découvert par le naturaliste Temminck lui vaut ce nom.
Bon grimpeur, il vit dans les arbres et chasse oiseaux et mammifères. De la tête à la queue, il peut mesurer jusqu'à 1 m. De fines rayures sombres strient sa robe d'un brun foncé.

Le Chat viverrin *(Felis viverrina)*

Sa présence près des cours d'eau et ses pieds légèrement palmés valent à ce chat d'Asie du Sud-Est le nom de Chat viverrin ou Chat pêcheur, bien qu'on n'ait jamais pu vérifier s'il pêchait vraiment. En revanche, on sait qu'il ne craint pas d'attaquer des proies d'une taille supérieure à la sienne, et on prétend même qu'il est capable d'emporter de jeunes enfants !
D'un poids pouvant atteindre 8 kg, le Chat viverrin, court sur pattes, présente une tête plate aux oreilles couchées ; des taches irrégulières parsèment sa fourrure fauve, et sa queue est annelée.

Le Chat rouilleux *(Felis rubiginosa)*

De la taille du chat domestique, le Chat rouilleux doit son nom à la couleur roussâtre de son pelage. Il vit dans le sud de l'Inde et dans l'île de Ceylan.
Très carnassier, il attaque toute bête passant à sa portée. La nuit, il ne craint pas d'approcher une ferme pour y croquer un poulet ou un lapin. Son arrière-train puissant lui permet de faire des bonds impressionnants. Capturé jeune, il s'apprivoise facilement.

Le Chat à tête plate *(Felis planiceps)*

Peu connu, ce chat d'aspect étrange habite la Malaisie, Bornéo et Sumatra. Fort méfiant, il ne chasse que la nuit ; il se nourrit de petits mammifères, d'oiseaux et de poissons.
Remarquable par sa tête très ronde, aux oreilles petites et espacées, partagée en deux couleurs, brune pour le front et le crâne, et blanche rayée pour le reste, avec un triangle blanc entre les deux yeux, *Felis planiceps* est un petit animal, d'un poids ne dépassant guère 2 kg.

Le Chat orné *(Felis ornata)*

Son habitat se situe dans les régions désertiques de l'Asie du Sud-Est. Ce chat nocturne se nourrit de petits mammifères, de rongeurs et de serpents. De la taille du chat domestique, il a le pelage brun marqué de taches, une tête assez fine, des yeux profonds et expressifs. Il sait s'aménager des retraites sûres ; sa crainte, très grande, de l'homme le tient à l'écart de toute manifestation d'une présence humaine. C'est pour cette raison que l'on ne saurait affirmer aujourd'hui que ce chat existe encore. Il est possible, en effet, qu'il ait totalement disparu.

Le Chat de Sichuan *(Felis scripta)*

Ce magnifique félidé a été décrit dans la province chinoise de Sichuan. Haut sur pattes, il porte une fourrure brune tachetée à la fois épaisse et soyeuse et une queue au poil dense ; sa tête triangulaire s'appuie sur un menton très bien dessiné. Malheureusement, les frontières de cette province restant fermées à tout étranger, on ignore ce que ce chat est devenu.

Pour les mêmes raisons d'isolement, on ne peut conjecturer la survie de *Felis bieti,* découvert au siècle dernier en Mongolie, ou de *Felis tristis* vivant dans le sud de la Chine.

Le Chat d'Iriomote *(Felis iriomotensis)*

Iriomote est une petite île située à l'est de Taiwan. Elle était inhabitée depuis toujours lorsque, en 1967, une mission scientifique japonaise y débarqua. Celle-ci découvrit les traces d'un animal inconnu, installa alors des pièges... et captura bientôt un chat que l'on baptisa en toute logique Iriomote.

Cet animal à l'origine lointaine, remontant à la préhistoire, possède un pelage tacheté assez épais, une tête triangulaire, des grandes oreilles bien larges et droites.

Il existe environ une centaine d'individus de cette espèce, qu'il a fallu protéger officiellement contre les amateurs de chats japonais qui organisaient des expéditions jusqu'à Iriomote pour s'en emparer.

Le Chat de Bornéo *(Felis badia)*

Bornéo est l'île qui a conservé, sans doute, le plus grand nombre d'espèces sauvages de chats. L'animal type est connu sous le nom de Chat de Bornéo ou Chat bai. Contrairement aux autres, son pelage est tout à fait uni, d'une jolie couleur brun-rouge.

Un peu plus grand que le Chat européen, il porte les oreilles couchées et plantées sur le côté. Deux taches rectangulaires sous les yeux lui donnent un aspect sévère, pour ne pas dire farouche. De formes harmonieuses, bien stabilisé par des pattes solides, cet animal possède une détente exceptionnelle. Posté sur une branche, il est capable de sauter sur un oiseau, de l'agripper en vol pour retomber au sol en l'étreignant. Ce chat, dont les effectifs sont assez importants à Bornéo, n'a jamais élargi son domaine à d'autres régions.

Margays (Felis wiedi).

Les Chats sauvages d'Amérique

C'est en Amérique du Sud que l'on peut découvrir les chats en liberté possédant les plus belles fourrures. Et c'est là également que l'on rencontre le plus grand nombre d'espèces.

Le Chat de Geoffroy *(Felis geoffroyi)*

En mission en Amérique du Sud, l'illustre savant naturaliste Geoffroy Saint-Hilaire découvrit ce chat entre la Bolivie et les Andes, vers 1840. Du fait de son passage de la forêt à la montagne, où il s'est réfugié, sa robe marron clair très ornée a, par mimétisme, subi quelques modifications : elle s'est en effet sensiblement ternie mais a conservé les mouchetures et taches en ligne caractéristiques.
La petite tête ronde du Chat de Geoffroy porte des oreilles larges et présente un menton assez étroit ; sa queue est épaisse et annelée. D'une taille légèrement supérieure à celle du chat domestique, cet animal pèse 3 à 4 kg. Très bon grimpeur, il vit surtout dans les arbres, d'où il surveille les environs et guette ses proies.
Capturé, il supporte le voisinage de l'homme, sans toutefois se laisser complètement apprivoiser.

Le Margay *(Felis wiedi)*

Chassé pour sa fourrure qui ressemble à celle de l'Ocelot, le Margay est devenu très rare dans son habitat naturel du Paraguay, d'Argentine ou d'Amérique centrale.
Ce chat, qui obtiendrait aisément un premier prix de beauté des chats en liberté, est aujourd'hui protégé.
Sa robe beige, plus sombre sur le dos, est entièrement parsemée de taches, allant du gris au jaune soutenu, disposées avec art. De très grands yeux éclairent son visage régulier. Sa tête, triangulaire, est surmontée de grandes oreilles, séparées par deux lignes brunes partant des yeux, lesquels sont cernés de blanc. La queue est longue et annelée.
Le Margay, s'il est capturé jeune, s'apprivoise facilement. Il devient alors un compagnon agréable, joueur et vif.

Le Chat des pampas *(Felis colocolo)*

Alors qu'il était autrefois répandu dans toute l'Amérique du Sud, le Chat des pampas, chassé par l'homme, a dû abandonner les plaines pour trouver refuge dans les régions montagneuses et boisées où il survit aujourd'hui en très petit nombre. Ce chat robuste, appelé aussi Kudmu ou Colocolo, possède un corps longiligne, sensiblement plus grand que celui du chat domestique. Sa robe de fond gris-brun, largement rayée et teintée de jaune orangé sur le ventre et la poitrine, ne manque pas d'élégance. Sa tête, très expressive, est de forme presque carrée, avec un menton bien dessiné et deux grands yeux soulignés de blanc. Vivant en solitaire, il ne sort que la nuit et n'accepte une compagne qu'à la saison des amours ; il s'en éloigne avant même que n'aient vu le jour les deux ou trois chatons que compte la portée. C'est un ardent chasseur qui traque tout ce qui se mange, y compris les insectes.

Le Chat des Andes *(Felis jacobita)*

Le Chat des Andes donne un autre exemple remarquable d'adaptation à la nature et à l'environnement. Autrefois, il vivait en plaine ou dans des montagnes peu élevées, et sa robe présentait un fond d'un brun-roux soutenu. Chassé par l'homme, l'animal a dû se réfugier sur les pentes arides des Andes ; et son pelage, toujours aussi tacheté, a pris dès lors un fond gris terne qui lui permet de se dissimuler dans les rochers.
Ayant perdu l'habitude de grimper aux arbres, le Chat des Andes se contente des proies qu'il peut trouver au sol.

Le Kodkod *(Felis guigna)*

Contrairement à tous les autres chats en liberté, le Kodkod vit, lui, en petits groupes solidaires. Le fait qu'il soit de petite taille n'est peut-être pas étranger à cela. Chassé lui aussi des plaines, il peut ainsi faire face à ses dangereux rivaux : le Chat-tigre et le Chat des Andes, qui vivent sur les mêmes territoires montagneux. Des tribus de Kodkods s'attaquent parfois au poulailler des fermes isolées.
La tête triangulaire de ce chat offre un menton bien dessiné ; il a, comme le Lynx, des touffes de poils au sommet des oreilles. Sa fourrure épaisse, gris-brun et marquée de taches sombres, le protège du froid.

Le Chat-tigre *(Felis tigrina)*

On le confond parfois avec le Margay ; comme ce dernier, le Chat-tigre a été pourchassé à cause de sa fourrure. Il vit dans les forêts du nord de l'Amérique du Sud où, semble-t-il, il est devenu très rare.
Sa taille est légèrement supérieure à celle du chat domestique. Il possède une tête allongée, une queue épaisse et annelée ; sa robe brun clair est tachetée.

Le Jaguarondi *(Felis yaguaroundi)* **et l'Eyra**

Pendant longtemps, on a considéré le Jaguarondi et l'Eyra comme appartenant à deux espèces distinctes. En réalité, il s'agit du même chat. Seuls les pelages, gris pour le Jaguarondi et brun pour l'Eyra, sont différents.
Le Jaguarondi est un animal imposant puisque son poids peut atteindre 10 kg. Il hante les clairières du Paraguay et de l'Argentine, mais, extrêmement méfiant, il s'est créé des refuges sûrs où il se cache à la moindre alerte. Très carnassier, c'est aussi un omnivore qui apprécie, par exemple, les fruits. Il a le crâne bombé, un museau aplati, des oreilles petites et très espacées sur le front, de grands yeux ronds. Son poil, de couleur uniforme, est doux au toucher et même soyeux. La queue est longue et assez épaisse.

L'Eyra vit en bonne intelligence avec le Jaguarondi. Des croisements se produisent vraisemblablement, mais on n'a jamais rencontré de petits possédant les deux couleurs ; ceux-ci naissent avec un pelage tacheté et, en grandissant, perdent ces marques au profit d'une seule couleur, grise ou brune.

Les « gros » chats

Tous les chats qui viennent d'être décrits ont à peu près la même taille. Mais entre eux et les grands fauves : lions, tigres, jaguars, panthères, guépards, pumas, il existe une catégorie intermédiaire regroupant ceux que l'on appelle les « gros » chats.
En Europe ainsi qu'en Sibérie et au Canada vit le Lynx *(Felis lynx).* Ce très bel animal était présent autrefois sur tout le Vieux Continent, et l'on a tenté de le réintroduire en France. Sa robe, mouchetée, est gris-roux. Une touffe de poils caractéristique prolonge ses oreilles, tandis que des favoris ornent ses joues. La vue du Lynx est certes bonne mais pas aussi exceptionnelle que le dit la légende. En fait, son ouïe, très fine, est beaucoup plus développée.
En Afrique, on rencontre le Caracal *(Felis caracal),* au pelage uni jaune fauve, qui est surtout présent dans le désert, et le Serval *(Felis leptailurus),* à la robe roux clair tachetée, qui vit principalement dans la savane.
Aux États-Unis et dans le sud du Canada, on peut encore découvrir quelques Bobcats *(Felis rufus),* cibles malheureuses des chasseurs américains. Enfin, en Amérique du Sud survit l'Ocelot *(Felis pardalis),* à la belle fourrure si prisée, qui est aujourd'hui protégé.

Lynx (Felis lynx).

MORPHOLOGIE ET BIOLOGIE DU CHAT

La morphologie du chat

Au début de cet ouvrage, nous avons avancé que Dieu, très satisfait de la création du chat, disait avoir atteint, enfin, la perfection... Étions-nous loin de la vérité ? Car force est de constater que le chat est un animal physiquement parfait, à la morphologie équilibrée, merveilleusement adaptée et réglée pour assurer, en toute circonstance, son existence. Cette morphologie, d'une espèce à l'autre, ne varie guère. Les seules différences réelles que l'on peut observer tiennent à la forme du visage, à la longueur des pattes ou de la queue et surtout à la couleur des yeux et l'épaisseur de la fourrure.

Le chat à l'âge adulte mesure, généralement, 50 cm de long, queue non comprise (de 25 à 35 cm). Son poids approche 3 kg mais, pour certaines races, il peut atteindre 4 kg. Son squelette comprend 245 os, dont

La tête d'un Européen Brown Tabby.

20 pour la queue. La cage thoracique est formée de 26 côtes et la colonne vertébrale compte 51 vertèbres.
En règle générale, la tête du chat s'inscrit dans un triangle ou dans un cercle. Le front est court et incurvé et les mâchoires arquées. Sa denture comprend 30 dents, dont 16 pour la mâchoire supérieure. L'animal possède 14 molaires et, surtout, 4 canines très acérées qui constituent une arme terrible aussi bien de défense que d'attaque.
La longueur des jambes varie peu d'une espèce à l'autre. Souvent musclées, elles s'appuient sur des pieds petits et armés de griffes, cinq aux membres antérieurs et quatre aux postérieurs. Quelle que soit la taille du chat, sa démarche reste élégante, car, littéralement, il « marche sur la pointe des pieds » ! Le chat se sert de sa queue comme d'un balancier ; elle intervient dans sa constante recherche d'équilibre nécessitée par ses gestes rapides et puissants. On rappellera, à ce propos, que c'est grâce à ces performances d'équilibre – dont le siège est dans l'oreille interne – que, précipité dans le vide, il retombe toujours sur ses pattes... à condition, toutefois, que la hauteur de la chute ne soit ni excessive ni trop faible.
Le cœur du chat, nettement plus petit que celui du chien proportionnellement à la taille, est plus développé chez le mâle que chez la femelle. Le cerveau, qui pèse entre 20 et 30 g, est à l'origine des réflexes et stimulus transmis de façon extrêmement rapide aux muscles ; c'est aussi le siège extraordinairement réceptif des sensations.
La disposition des os du squelette favorise à la fois la détente et la rapidité du chat. L'articulation des os de l'arrière-train et des jambes postérieures est à même de provoquer une poussée en avant exceptionnelle, tout comme elle permet un fléchissement rapide des pattes arrière lors d'une rétraction. Ce squelette est actionné par 500 muscles environ qui participent à la mobilité étonnante de l'animal.

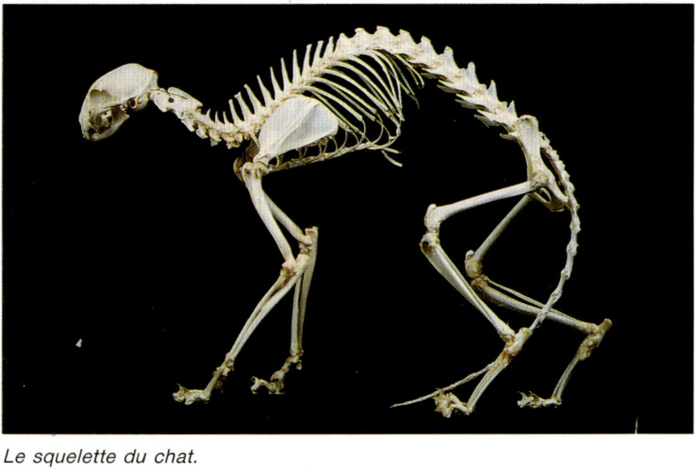

Le squelette du chat.

Les muscles peauciers de la tête sont à la base de tous les mouvements expressifs des oreilles, des paupières, du nez, de la bouche. Les muscles masticateurs sont les auxiliaires actifs, puissants de la mâchoire et aident à la déglutition. Les muscles du cou, d'une part, permettent à la tête de pivoter dans n'importe quelle direction – quasiment à 180 degrés – et, d'autre part, agissent sur les mouvements des pattes antérieures. C'est grâce aux muscles du dos que la colonne vertébrale, bien protégée, réagit avec autant de puissance que de souplesse, notamment lorsque l'animal chasse.
Deux sortes de muscles se situent dans le thorax : les muscles profonds de la respiration et les muscles superficiels qui jouent un rôle d'importance dans les mouvements des membres antérieurs. Quant aux muscles qui constituent la sangle abdominale, ils interviennent également dans tous les mouvements de la course. Les muscles de la jambe servent, à l'avant, au fléchissement du pied et à l'extension de l'orteil et, en arrière, à l'extension du pied et au fléchissement des orteils. Enfin, les muscles de la queue : élévateurs, abaisseurs, abducteurs, sont les agents de la mobilité si expressive qu'on lui connaît.
La peau du chat est à la fois solide et mobile. Elle joue, avec la robe, un rôle majeur dans la protection de l'animal et dans le maintien de sa stabilité corporelle. Le sébum excrété par les glandes sébacées protège et lustre le poil. La fourrure de l'animal, quelle que soit la longueur du poil, constitue l'élément le plus important et le plus spectaculaire de sa beauté.

Les sens

L'ouïe

L'ouïe du chat est très supérieure à celle de l'homme ou du chien. Elle perçoit les ultrasons jusqu'à 30 000 vibrations par seconde (30 kHz). Sa finesse est telle que des bruits très violents, des cris aigus ou des sifflements prolongés risquent d'indisposer fortement l'animal.
Le chat, doté d'oreilles très mobiles, reconnaît parfaitement les bruits qui lui sont familiers, ceux en particulier qui annoncent habituellement la venue de son maître. Il sélectionne les sons qui lui parviennent et peut en localiser précisément un parmi d'autres émis simultanément. L'ouïe de l'animal, lorsque celui-ci paraît endormi, reste bien souvent en éveil.
L'oreille interne du chat, très développée, est le siège de son fabuleux sens de l'équilibre qui lui permet, par exemple, de se retourner lors d'une chute pour retomber sur ses pattes.

La vue

La vue du chat est remarquable. Elle joue un très grand rôle et est parfaitement adaptée à son instinct de chasseur. La position des yeux, situés en avant de la tête comme chez l'homme, permet à l'animal d'avoir une vision stéréoscopique. Ainsi, il peut déceler rapidement un danger, éva-

Cette chronophotographie d'une chute met bien en évidence le réflexe de redressement du chat.

luer avec précision la distance qui le sépare d'un obstacle ou d'une proie.
La vue du chat se révèle particulièrement efficace lorsque, alentour, la lumière est faible. En effet, la forme de sa pupille varie selon l'intensité lumineuse. Ainsi, quand la lumière est très vive, elle se ferme ; dans la pénombre, au contraire, elle se dilate jusqu'à occuper presque tout l'iris. Cependant, l'acuité visuelle du chat ne se vérifie pas en toute circonstance : il distingue assez mal, par exemple, les objets trop rapprochés ainsi que les détails et silhouettes immobiles.

L'odorat

Moins développé que la vue ou l'ouïe, l'odorat n'en reste pas moins un sens important qui permet au chat d'apprécier la valeur gustative des aliments avant consommation. L'odorat intervient aussi dans sa vie sociale : délimitation du territoire et reconnaissance d'un partenaire sexuel. Le chat se montre extrêmement sensible à certaines odeurs de plantes, telle la valériane ; mais des parfums beaucoup plus subtils peuvent également influer sur son comportement.

Le goût

Le chat est un fin gourmet appréciant les menus variés, comme le proclament les publicités vantant les mérites de telle ou telle marque de conserves alimentaires destinées à nos petits félins. Les papilles qui recouvrent sa langue râpeuse lui fournissent des indications précises sur les aliments qui lui sont proposés. Il sait différencier des saveurs amères, douces, acides, salées, mais ne semble pas percevoir le sucré.

Le toucher

Très méfiant, le chat procède à la reconnaissance des objets par le toucher. C'est lorsque ses autres sens ne le favorisent guère, dans l'obscurité totale par exemple, que le chat s'en remet à son sens du toucher. Il

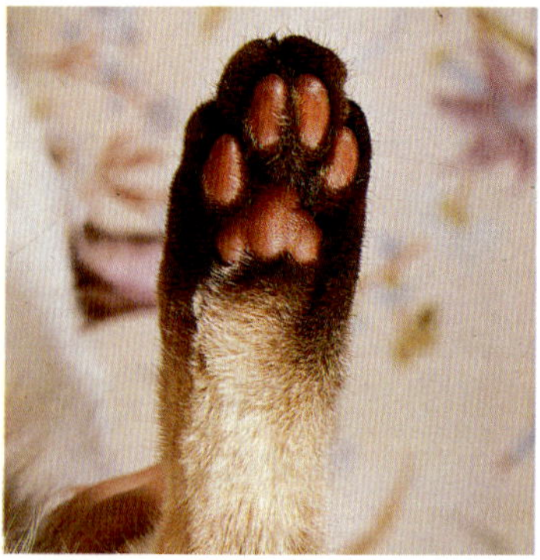

Patte et coussinets plantaires du chat.

s'aide alors des coussinets situés sous ses pattes ainsi que de ses moustaches et de ses sourcils. Chaque poil de l'animal est un organe sensoriel, ce qui explique le plaisir qu'il éprouve sous la caresse.

Le sixième sens

Beaucoup d'amis du chat pensent que cet animal est doué d'un sixième sens. Et ils évoquent alors nombre de situations parfois extraordinaires où un chat résout des problèmes quasi insurmontables. On cite, notamment, le cas où l'animal, séparé de la maison ou de l'ami qui lui étaient familiers, parcourt des centaines, sinon des milliers de kilomètres pour les retrouver, cela sans posséder la moindre indication positive. On entre ici dans un domaine complexe dont seul le chat, aujourd'hui, détient la clef. La subtilité... et la télépathie ne doivent pas être étrangères à ce sixième sens, s'il est vrai que le chat en est doté.

Les grandes fonctions biologiques

La digestion

L'appareil digestif du chat est celui d'un animal carnivore, parfaitement adapté à son régime alimentaire.
Les lèvres minces de la gueule permettent le dégagement d'une mâchoire puissante qui, déjà, broie fortement les aliments. De chaque

La dentition du chat.

côté du palais, les petites joues encadrent la langue, plate et souple, recouverte de papilles cornées, râpeuses. Les glandes salivaires sécrètent une salive riche en mucus qui complète le travail de la mastication. L'œsophage, long de 16 cm, aide à la déglutition. L'estomac, assez volumineux et dilatable, répond aux exigences d'un repas copieux mais aussi d'un jeûne inattendu.
Un suc gastrique très actif assure la flaccidité des aliments, notamment de la viande et du poisson. Le foie, également volumineux, se divise en cinq lobes et a, ainsi que le pancréas, la même fonction que chez les autres mammifères.
L'intestin est court : intestin grêle et gros intestin ne dépassent guère une longueur de 2 m, ce qui est peu comparé à ceux du chien. La rapidité du transit provoque une fin de digestion assez laborieuse.
Les sinus para-anaux, de chaque côté de l'anus, contiennent une substance odorante et jouent un rôle dans l'approche sexuelle.

La respiration

L'appareil respiratoire n'occupe qu'un volume modeste ; les petits poumons du chat l'obligent à respirer à une cadence rapide ; ce handicap empêche l'effort soutenu et, même, gêne la longue promenade.
Le développement de son appareil respiratoire a privilégié l'olfaction et la phonation au détriment de la régénération gazeuse. Les voies aériennes supérieures ne présentent qu'un faible développement et, si le sinus frontal est assez creusé, les cavités nasales sont brèves et logent des cornets nasaux destinés avant tout à renifler à courte distance. Leur utilité se révèle, par exemple, dans la chasse ou, chez les chatons, pour trouver le chemin des tétines maternelles. Dans les poumons, l'hématose se produit à partir d'une trachée de 1 cm de calibre, longue de 8 cm et comprenant une quarantaine d'anneaux cartilagineux.

La reproduction

Les chats ne nous laissent pas ignorer leur vie sexuelle ; cette activité, particulièrement bruyante et indiscrète, commence précocement.
Le mâle atteint la puberté généralement vers l'âge de huit mois et conserve ses facultés sexuelles jusqu'à onze ans. La femelle est capable de procréer quatre mois seulement après sa naissance ; son activité reproductrice n'est pas soumise à la ménopause.
Si le mâle est constamment en possession de ses moyens, la vie sexuelle de la chatte est réglée par des cycles périodiques au nombre de trois ou quatre par an. Ces moments où la chatte est fécondable, appelés « chaleurs » ou « chasse », durent trois semaines mais cessent quelque temps après la saillie, qui provoque l'ovulation. Ces périodes de chaleurs modifient le comportement de la chatte ; agitée, excitée, turbulente... caressante, elle affiche ses dispositions et, par ses miaulements déchirants et, surtout, les effluves qu'elle dégage, se signale aux mâles. L'accouplement, bref, peut se répéter plusieurs fois ; à la fin de l'acte, la

L'accouplement de deux Européens... sous l'œil indiscret d'un observateur.

femelle miaule de douleur et tente de mordre son partenaire. Cette réaction semble causée par le retrait du pénis du mâle : le sexe du chat est, en effet, recouvert de barbillons orientés vers l'arrière, qui favorisent l'introduction dans le vagin de la femelle mais rendent le dégagement douloureux.
La gestation dure habituellement deux mois, au bout desquels naissent deux à cinq chatons. La mère dispose de six à huit mamelles qui grossissent et se dévoilent lors de la grossesse et jusqu'au sevrage.

Castration et ovariectomie

L'activité sexuelle des chats et, de manière générale, la reproduction posent parfois des problèmes (disponibilité, espace, entretien, désagréments...). Si, temporairement, des chatons ne sont pas désirés, on aura recours à la contraception, alors que, si, définitivement, la reproduction n'est pas voulue, on pratiquera l'ovariectomie (ablation des ovaires) pour la chatte ou la castration pour le mâle, qui suppriment définitivement cette fonction. Ces opérations peuvent être réalisées dès l'âge de sept mois ; menées sous anesthésie générale, elles ne présentent aucun danger pour l'animal, pas plus qu'elles n'influent sur son caractère.

LE CHAT TEL QU'EN LUI-MÊME...

Le chat reste un animal mystérieux et énigmatique, déconcertant parfois, dans la mesure où, quel que soit son environnement habituel, la rue ou l'appartement, il agit toujours dans une totale indépendance. Sa vie autonome force notre estime tant le chat assume son existence avec une grande maîtrise de soi et dans le plus parfait respect de son entourage. Et il n'est que de le voir pratiquer sa toilette quotidienne pour comprendre qu'il n'a besoin d'aucune aide pour cela et qu'il possède une haute notion de l'hygiène et de sa santé.
Qui n'a pas vu un chat, apparemment bien nourri et en bonne santé, fureter dans un jardin pour y mâcher quelques herbes. Plutôt qu'il ne se purge, il « prend médecine », car ne pouvant – ou ne voulant – signaler qu'il souffre de quelque affection interne, il cherche instinctivement les herbes qui le soulageront.
A l'opposé du chien, devenu le féal de l'homme au point de se trouver totalement désemparé s'il est abandonné, le chat livré à lui-même sera toujours capable de se nourrir, de se soigner... et de se défendre.
L'animal possède deux armes, à la fois de défense et d'attaque : ses dents et ses griffes. Il ne cesse d'entretenir ces attributs propres à l'espèce.
Aussi l'ablation complète des griffes du chat, parfois pratiquée, est une faute grave, car le petit félin se sent alors très diminué. Ce que traduit rapidement son comportement.

Un grand chasseur

Chez le chat, chasser est plus qu'un instinct : il s'agit d'un métier et même d'une mission ! Le désir de chasser le saisit alors qu'il est encore très jeune. Et sa mère conduira son apprentissage.
Bien qu'il chasse aussi le jour, il choisit plutôt la nuit pour opérer, car il sait que ses proies éventuelles sortent plus volontiers à ce moment. Il se poste en un lieu qui peut recéler du gibier. Après avoir repéré sa future victime par la vue ou par l'odorat, il se place contre le vent puis, avec une patience infinie, se fige dans une immobilité presque totale en attendant le moment propice pour bondir. Alors, oreilles pointées en avant, pupilles dilatées, il se met silencieusement à trembler, ses pattes postérieures accrochent la terre et son arrière-train commence à se balancer. La tête suit le même mouvement. Les vibrisses, comme le ferait un télémètre, lui transmettent la distance exacte qui le sépare de sa proie. Au moment de bondir, il s'appuie fortement sur ses pattes postérieures qui agissent comme des ressorts. Les pattes antérieures, tendues à l'ex-

Le chat reste, malgré sa domestication, un chasseur redoutable.

trême, saisissent la victime. Il cherche alors la nuque qu'il percera avec ses canines acérées.

Face à un animal de forte taille comme le rat, le chat livrera un véritable combat au cours duquel il se servira de ses griffes pour tenir en respect son adversaire et contenir sa force potentielle. Il ne portera le coup fatal que lorsque la résistance de sa proie faiblira ou cessera.

Ce merveilleux chasseur n'est pourtant pas un Nemrod. On estime que 25 p. cent des rongeurs et 90 p. cent des oiseaux qu'il attaque parviennent à lui échapper.

On a longtemps prétendu qu'un chat castré se montrait moins bon chasseur, mais des expériences récentes prouvent qu'il n'en est rien.

Les chats errants vivent souvent dans des conditions difficiles. Mais quelques mains charitables se tendent parfois vers eux.

L'individu et le groupe

Le chat est un animal individualiste. Mais son attitude diffère selon les conditions dans lesquelles il vit.
En appartement, il peut supporter la présence de congénères, et même bien s'entendre avec eux, tout comme il peut se montrer agressif. Cette réaction dépend de l'individu mais certaines races se révèlent être plus sociables que d'autres.
A la campagne, les chats harets ne cherchent pas à se rassembler avec d'autres chats. S'ils le font, ce n'est que pour former de petits groupes. Le territoire occupé se divise en deux zones : l'aire de chasse et l'espace familial ou de repos. La première peut être très vaste si le gibier se fait rare. Chacun chasse pour soi... et pour sa famille, lorsque la femelle doit rester auprès de ses petits, en évitant d'attaquer une même proie ou de se la disputer ensuite. Intelligent, le chat sait parfaitement que livrer bataille à des congénères – sauf à l'époque du rut – n'apporte aucun avantage. L'étendue de la zone de repos est toujours très limitée. L'on s'y retrouve en famille et l'on s'y montre réservé. Une chatte ne permettra à quiconque de s'approcher de ses petits.
Dans les villes, les chats errants rencontrent des conditions d'existence précaires. L'ennemi numéro un, l'homme, est partout et les terrains dégagés sont rares. Les chats convergent souvent vers les mêmes endroits libres où se forment alors de véritables « républiques ». Tout le monde y vit sur un pied d'égalité, mais reconnaît l'autorité d'un chef...

jusqu'au moment où un autre individu lui dispute son pouvoir. Un combat farouche s'engage alors entre le chef et son prétendant. Le vaincu de ce duel, souvent sanglant, se trouve devant une alternative : ou bien il fuit piteusement ou bien, non moins piteusement, en geste d'allégeance symbolique, il s'aplatit sur le sol et se laisse chevaucher !
Parfois, une femelle occupe le trône ; ayant su s'imposer, elle défend ses prérogatives avec le même acharnement.
A l'intérieur de cette « république », la vie s'organise avec beaucoup de sens social. Les bêtes blessées ou handicapées sont aidées et quelquefois nourries. Et il arrive que les mères s'occupent de la communauté des petits en assurant collectivement leur nourriture et leur protection.

La période des amours

Le moment où le besoin de procréer se fait sentir réveille des instincts et des comportements particulièrement fauves.
La femelle ne met d'ailleurs aucune pudeur à manifester ses désirs ; elle miaule plaintivement, se frotte contre tout meuble ou objet à sa portée, lève impudiquement l'arrière-train, se roule sur le dos, appelle le mâle par des séries de sons rauques...
Le mâle, stimulé par le voisinage d'une chatte en chaleur, s'agite et essaie de s'en approcher, en fuguant si nécessaire. S'il lui est impossible de rejoindre la femelle, il exprime son impatience croissante par des miaulements et des jets d'urine malodorante. En pleine nature, les mâles qui courtisent une femelle cherchent à se débarrasser d'un adversaire en tentant, parfois, de le castrer à coups de dents.
Mais la chatte, de toute façon, ne se rendra pas sans lutter au vainqueur ébouriffé et lacéré. Quand, enfin, elle se montre consentante, le mâle la mord à la nuque et la couvre ; souvent, l'accouplement se prolonge en plusieurs saillies.

L'instinct maternel

L'extraordinaire dévouement, la constante attention de la chatte pour ses petits sont bien plus inspirés par son véritable amour maternel que par le seul instinct de conservation de l'espèce.
Pendant les huit premiers jours des chatons, alors qu'ils sont aveugles, elle ne quitte la portée que pour s'alimenter. Constamment inquiète, aux aguets, prête à bondir sur toute présence étrangère, véritable rempart vivant, elle ira jusqu'à se sacrifier pour protéger ses petits. Dès qu'ils ouvrent les yeux, elle redouble d'attention, car leur curiosité et leur impétuosité les poussent à s'intéresser à toute chose, et à s'éloigner du nid dans l'inconscience de tous les dangers.
Le jeu, que les chatons pratiquent instinctivement, est l'occasion pour la mère, éducatrice née, de mener leurs premiers apprentissages. En agitant sa queue, par exemple, elle incite les petits à l'agripper ; ainsi apprendront-ils à saisir une proie. De même organisera-t-elle des pour-

Mère dévouée, la chatte ira jusqu'à se sacrifier pour protéger ses petits.

suites, des petites batailles, non par jeu, mais bien dans l'objectif de fortifier les jeunes chats et de leur apprendre à se défendre ou à attaquer. Si la chatte vit avec ses petits dans un logement clos, l'enseignement maternel restera rudimentaire. Mais, si son domaine est plus étendu, comprend caves, escaliers, greniers, jardins, elle initiera les petits, avec indications ou exemples à l'appui, à toutes les pratiques et aux arcanes du métier de chat.

Une grande partie de l'enseignement sera consacrée à la chasse. La mère commence par apporter à son petit des morceaux de gibier, puis présente la proie entière, morte, et la fait sentir à son élève. Ensuite, elle

La mère consacre beaucoup de temps à enseigner la chasse à sa progéniture.

ramène une victime vivante qu'elle relâche en faisant comprendre au chaton qu'il doit la poursuivre et la reprendre.
Cette leçon cruelle n'en est pas moins vitale pour le carnassier en devenir qui doit savoir rapidement se suffire à lui-même et gagner son repas. Le jeune aura compris ce que sa mère cherche à lui enseigner dès qu'il saura localiser sa proie, se figer le temps nécessaire pour la surprendre et bondir au moment précis pour s'en saisir.
Une chatte protège ses petits avec un amour total. Pourtant, certaines mères se comportent de manière étrange : elles abandonnent leurs chatons ou peuvent même en tuer un, voire plusieurs et les manger ensuite. Une explication scientifique soutient que cette attitude destructrice est engendrée par une lactation insuffisante ou des troubles parathyroïdiens provoquant des crises nerveuses.
Un tel comportement pourrait aussi résulter d'une dépression teintée de mélancolie. Mais comme le cannibalisme de la mère ne s'exerce pas sur toute la portée, on avance l'hypothèse d'un acte sélectif. Ainsi, la mère se rendrait compte, dès la naissance, que certains de ses chatons souffrent d'une infirmité : cécité, malformation ou toute autre déficience. Elle leur donnerait la mort soit pour la sauvegarde de l'espèce, soit pour leur éviter un trop lourd handicap, et les mangerait ensuite pour faire disparaître toute trace.
On surveillera d'autant plus la naissance que, si naturellement la mère lèche les chatons et avale le placenta qui les recouvre, elle peut aussi, dans le même temps, de façon brutale, les dévorer.

Le psychisme du chat

En moyenne, un chat adulte et en bonne santé passe 35 p. cent de sa journée en plein éveil, 50 p. cent en sommeil léger, dit sommeil paradoxal, et 15 p. cent en sommeil profond. Cette très longue période de sommeil paradoxal, où l'on peut croire que « le chat ne dort que d'un œil », est, en réalité, une sorte d'état second – non un état de veille – qui se traduit par l'esquisse de gestes divers : mouvements des vibrisses et des pattes ; déplacements oculaires sous les paupières fermées ou légèrement entrouvertes ; faibles battements de la queue ou frémissement des oreilles ; et même par l'émission d'une série de petits sons ressemblant à des cris étouffés. Ces manifestations laissent à penser que l'animal rêve. L'encéphalographie en fait la démonstration... sans en donner de preuves absolues.
Si, pour une raison quelconque, le chat est réveillé brusquement, il se fige, s'immobilise, le regard fixe, comme s'il se trouvait en état d'hypnose, avant d'avoir, quelquefois, une réaction brutale, comme celle de fuir par la porte ouverte la plus proche. Les expériences destinées à plonger le chat dans un état hypnotique ont décelé que l'animal semble posséder une vie psychique particulière dont les données ne sont pas, à ce jour, repérables.

D'autres recherches ont exploré certains comportements inexplicables pouvant faire appel à la télépathie, comme cette performance, déjà évoquée plus haut, établie par les chats qui parcourent des distances extraordinaires pour retrouver le maître ou le domicile dont ils sont séparés ; ou, encore, leur prescience, traduite par un comportement inhabituel, devant la maladie ou la mort de leur maître.
Et peut-on croire que le chat puisse véritablement pressentir le moment de sa propre mort ? Ici, on constatera que, après avoir quémandé une dernière caresse, l'animal part se cacher sous un lit pour y rendre le dernier soupir ; là, il gagnera le fond d'un jardin et ne répondra plus, désormais, aux appels qu'on lui lance ; ou, même, il quittera le foyer et s'en ira mourir loin de tout ce qu'il aimait.
Il n'existe pas de chats méchants ; en revanche, on peut se trouver en présence d'animaux agressifs. De nombreuses causes sont susceptibles de provoquer cette détérioration du comportement.

Les batailles entre mâles sont assez fréquentes, qu'il s'agisse de défendre un territoire ou d'affirmer une suprématie.

L'agressivité chronique peut être le symptôme d'une souffrance due à une maladie cachée ou d'un traumatisme occasionné par un événement pénible. Il peut s'agir aussi d'une agressivité de prédation ; dans ce cas, on observe que les instincts de chasseur du chat ont repris le dessus. Très souvent, cette agressivité est simplement due à la peur... et surtout à la peur de l'homme. Lorsqu'une personne se montre plutôt hostile envers l'animal, celui-ci a tendance alors à manifester la même peur agressive envers quiconque. Ainsi peut-elle naître quand le chat, traqué, se croit obligé d'attaquer pour s'échapper.
Enfin, une nervosité allant parfois jusqu'à la névrose peut s'emparer d'un chat que l'on tient trop longtemps et trop souvent enfermé, seul, dans l'espace étroit d'une pièce, voire d'un petit appartement. Il risque de mal supporter sa solitude, et son comportement peut s'en trouver progressivement modifié.

Le langage du chat

Plus que tout autre animal, le chat dispose de multiples modes d'expression et, bien qu'il ne soit pas doué de la parole, il ne manque pas de nous faire part de ses états d'âme. Il exprime ses sentiments de contentement, plaisir, surprise, étonnement, interrogation, attente, stupéfaction, colère, indignation, agressivité... par un langage vocal développé mais, aussi, par un langage gestuel (de la queue, du poil, des oreilles, du corps) et par le regard.
Ainsi, quiconque a entendu la chanson d'amour des chats aura noté la grande diversité de leur répertoire vocal : du grave à l'aigu, du feulement à la stridence. Le miaulement du chat se traduit, en effet, par plus de

Ce jeune Burmese au poil hérissé exprime ici sa crainte face à un danger.

soixante sons, chacun d'entre eux pouvant porter des altérations nettement perceptibles.
De plus, le chat possède en propre un double langage. Non seulement il miaule, mais il ronronne. Pendant longtemps, on a cru que le ronronnement marquait très nettement le contentement. Aujourd'hui, ce « langage intérieur émis par la bouche fermée » passe pour exprimer autre chose que la satisfaction, par exemple la peur ou la souffrance... Et l'on ne s'explique toujours pas son mécanisme exact.
Le chat use d'un langage gestuel évalué à soixante-quinze attitudes expressives. Il y recourt, notamment, quand il se sent menacé ou quand il refuse des attentions intempestives. Face au danger, il arque son dos, hérisse son poil afin de paraître plus imposant, donc plus fort, ses oreilles se couchent, son regard prend une lueur inquiétante, sa queue gonfle et fouette l'air.
La queue du chat joue, d'ailleurs, un rôle important dans le langage félin. Dressée à la verticale, elle exprime le contentement ou une curiosité que ne trouble aucune appréhension. A l'horizontale, on doit comprendre que l'animal reste dans l'expectative, mais s'il la ramène sous lui, cela signifie qu'il a peur. Si, au contraire, après l'avoir tendue, il lui imprime une série de mouvements saccadés, le chat manifeste par là sa colère, qui précède de peu la défense agressive ou l'attaque.
Autre mode d'expression : l'odeur. Un langage qui prend de l'importance surtout lorsque les chats vivent entre eux. A la période des amours, l'odeur et l'urine du mâle transmettent un message que les autres chats saisissent fort bien. L'odeur intervient également pour délimiter un territoire, c'est-à-dire une zone d'influence.
Enfin, l'expression et la communication félines utilisent des éléments plus complexes et que nous percevons mal : les variations morphologiques, les infrasons, les ultrasons font partie des modes de conversation des chats entre eux. Dans ce domaine qui touche au caractère mystérieux du chat, nous n'en sommes certainement qu'au début de nos découvertes.

UN CHAT CHEZ SOI

Le choix d'un chat

A priori, il est beaucoup plus facile de choisir un chat qu'un chien, puisque pour ce dernier interviennent des critères de taille, de caractère (très typé chez certaines races), de conditions d'hébergement, etc. Le choix d'un chat, lui, place en réalité le futur propriétaire devant une seule alternative : poil long ou poil court. Ensuite, la décision d'acquérir plutôt un Persan qu'un Birman, plutôt un Siamois qu'un Abyssin est surtout fonction de ses goûts personnels.

Jeunes Burmeses en promenade sous l'œil vigilant de leur mère.

Il faut aussi considérer au préalable le temps libre dont on dispose pour s'occuper de son nouvel ami. Un chat à poil long exige, dès la septième semaine, une toilette quotidienne, brossage ou peignage, pour entretenir sa fourrure et débarrasser celle-ci des poils morts ; en outre, on doit procéder à un examen hebdomadaire très minutieux, ne serait-ce que pour éliminer divers parasites ou déceler une maladie de peau. Alors que le temps nécessaire à l'entretien d'un chat à poil court est négligeable ; même pour les races très recherchées, un brossage ou deux par semaine suffiront, en plus de l'examen hebdomadaire.

Une sélection fondée sur les qualités propres à telle ou telle race est toujours hasardeuse, car deux chats de même race ne sont jamais identiques. Par ailleurs, le critère du comportement ne revêt pas une grande importance en regard des capacités et de l'intelligence du chat à s'adapter aux conditions de vie que son maître lui offrira.

Tout cela vaut pour un choix « objectif », mais il reste bien sûr le coup de foudre ! Comme ces visiteurs qui, au cours d'une exposition féline, sont littéralement fascinés par le regard qu'un chat fixe sur eux.

En tout état de cause, si l'on veut, pour la première fois, bénéficier de la compagnie d'un chat, pourquoi ne pas jeter son dévolu sur un Gouttière, un Européen ? Il a, écrivit un grand ami des chats, « toutes les qualités des autres, avec quelque chose en plus ».

Comprendre son nouvel ami

Une fois son petit compagnon adopté, on doit amorcer le dialogue. La question se pose en termes beaucoup plus simples lorsqu'il s'agit d'un chien, celui-ci étant inféodé à l'homme. Pour le chat, ce faux animal domestique, il en va tout autrement. Certains maîtres, rares privilégiés, savent « parler chat ». Si l'on n'a pas cette chance, on s'efforcera de se mettre à la portée de l'animal, de deviner ce qu'il veut exprimer, et de respecter également quelques règles générales : ne jamais faire de gestes trop brusques, ni hausser le ton ; ne pas insister si le chat refuse la caresse, et remettre à plus tard le dialogue s'il manifeste de l'impatience ; enfin, si l'animal a commis quelque sottise, on doit faire preuve de fermeté mais ne jamais recourir à la violence.
Dans nos sociétés, l'idée d'interdépendance dans l'indépendance revient souvent. De l'homme au chat, l'expression garde sa valeur réelle.

Dès leur plus jeune âge, les chats ont besoin d'une nourriture équilibrée et variée à base de viande et de poisson.

L'animal ne s'abandonne que s'il perçoit, face à lui, une volonté identique de s'abandonner. Pour lui, abandon ne signifie jamais faiblesse ou renoncement à sa liberté. Il entend traiter et être traité d'égal à égal. S'il offre son amitié, il devine que celle-ci lui vaudra des privilèges mais aussi des devoirs ; c'est en cela que l'on peut parler d'interdépendance dans l'indépendance.

L'alimentation du chat

Livré à lui-même, un chat mange ce qui lui plaît et en quantités importantes ; sédentaire, il sera sujet à l'obésité et risquera de tomber malade. Aussi, dès son plus jeune âge, il convient de lui proposer une nourriture équilibrée et adaptée à ses conditions d'existence ; des repas bien dosés sont le gage d'une bonne santé.

Les produits carnés sont le mets favori de ce carnivore, mais on les remplacera de temps à autre par du poisson ; un régime omnivore, comportant des légumes mais excluant les farineux ou les féculents, constitue une excellente diététique.

En règle générale, une ration quotidienne bien équilibrée, distribuée en deux repas, comprend 80 à 100 g de viande ou de poisson, auxquels on ajoute, en les mélangeant, 30 g de légumes frais et, parfois, 20 g de riz. On cherchera à varier autant que possible les menus, et on alternera conserves et produits frais.

On trouve sur le marché, aujourd'hui, des conserves de qualité, dont la fabrication est contrôlée par les services vétérinaires ; celles-ci offrent un grand choix de produits et l'on peut donc les utiliser en toute confiance de temps à autre.

On doit particulièrement surveiller l'alimentation des chatons. En principe, la mère les nourrit jusqu'à la quatrième semaine. Sans attendre ce terme, alors qu'ils tètent encore, on commencera le sevrage en leur apprenant à laper du lait ; on leur proposera des farines lactées et des bouillies pour bébés. A la sixième semaine, on ajoutera des petits carrés de viande, du poisson bouilli, des légumes verts écrasés, du riz, un jaune d'œuf et un petit complément vitaminé, cela réparti en quatre repas quotidiens, soit deux repas lactés et deux repas incluant viande, légumes frais ou conserves. Au bout de deux mois, le chaton sera nourri comme un adulte.

La ration quotidienne de la femelle en gestation sera augmentée de 15 g de levure sèche et d'un complément vitaminé. Lorsqu'elle aura mis bas et qu'elle allaitera ses petits, son menu comprendra : 150 g de viande rouge, 60 g de riz et autant de légumes verts, 30 g de complément minéral vitaminé, un peu d'huile et de levure sèche.

Le chat en voyage

Si le chat doit voyager, on fera l'achat d'un panier rigide, léger, bien aéré et muni d'ouvertures suffisantes pour permettre à l'animal de voir au dehors. Bien avant le voyage, on l'habituera au panier dont le fond sera garni de linge ou de papier absorbant.

• Le voyage en train : le chat doit, en principe, rester dans son panier. Le prix du transport est proportionnel au kilométrage. Si l'on veut libérer le chat et le prendre sur ses genoux, l'accord du contrôleur et des voyageurs à proximité est indispensable.

• Le voyage en avion : il faut signaler à l'avance qu'on sera accompagné d'un chat. Il voyagera probablement à l'intérieur d'une soute pressurisée. Le forfait moyen de transport est actuellement de 120 F.

• Le voyage en bateau : les chats sont généralement admis dans la cabine de leur maître. Comme pour tous les voyages à l'étranger, on doit préalablement se renseigner pour connaître les conditions d'entrée de l'animal sur le territoire où l'on se rend.

• L'hôtel : dans la grande majorité des hôtels, on accepte la présence d'un chat dans une chambre, moyennant un prix de pension peu élevé. Certains hôteliers vont même jusqu'à fournir les repas de l'animal.

Si, en revanche, on souhaite partir sans emmener son chat, le plus simple est de le confier à un ami qu'il connaît. A défaut, on recherchera une pension pour chats. La maison choisie doit offrir toutes les garanties de confort et de santé pour l'animal ; le cas échéant, on peut s'adresser au vétérinaire qui, généralement, indique des adresses sûres.

L'accident

La vive curiosité du chat, son impétuosité et son grand désir de liberté l'amènent souvent à vivre des situations risquées autant qu'imprévisibles. L'accident peut survenir à tout moment : l'animal chute du rebord d'une fenêtre ou de l'arbre, traverse imprudemment la chaussée et se fait heurter par une auto, s'empoisonne en avalant une substance toxique... C'est bien entendu dans la rue que les plus grands dangers le guettent. Aussi, par mesure de sécurité, pour la promenade en ville, on tiendra son chat en laisse.

Le collier d'identité qu'il porte au cou – qui peut le sauver en certaines occasions – devient dangereux à la campagne, car l'animal risque l'étranglement au passage d'une haie ou d'une clôture ; si le chat jouit de la liberté d'aller et venir dans les champs, on lui enlèvera donc ce collier, ce qui évitera un accident stupide.

Quelle que soit la blessure, il vaut mieux faire appel à un vétérinaire. Si l'animal est victime d'une fracture, le praticien, après radiographie, posera une attelle ou un plâtre léger sur le membre blessé.

LA SANTÉ DU CHAT

L'entretien

Le chat est propre naturellement et effectue lui-même, plusieurs fois par jour, sa toilette. Néanmoins, si sa souplesse lui permet de se lécher pratiquement sur l'ensemble du corps, de simples coups de langue ne peuvent le débarrasser de tout ce qui se dissimule dans sa fourrure, dans ses oreilles, dans ses narines, dans sa bouche et aussi dans la région péri-anale.

Le chat effectue sa toilette, minutieuse, plusieurs fois par jour.

Les soins à donner à l'animal (sur lesquels nous reviendrons à la fin de cette introduction) comprennent tout d'abord le brossage et le peignage de sa fourrure. Ces opérations ont une grande importance, notamment s'il s'agit d'un chat à poil long et, surtout, en période de mue ; en effet, il est indispensable d'ôter les poils morts de sa robe, car le chat, sinon, risquerait d'en absorber au cours de sa toilette, ce qui pourrait entraîner une occlusion intestinale. On doit, en outre, baigner l'animal de temps à autre, entretenir ses griffes, procéder au nettoyage des régions énumérées ci-dessus et à l'examen périodique attentif de tout son corps.

L'examen hebdomadaire

Plus ou moins minutieux suivant la longueur du poil, l'examen hebdomadaire est nécessaire quelle que soit la race à laquelle appartient le chat. Il faut agir avec douceur et parler à l'animal.

Les sécrétions qui se fixent sur les coins internes des yeux et qui peuvent avoir coulé sur le poil doivent être enlevées en passant doucement un coton hydrophile imbibé d'eau tiède ou d'eau de rose. En cas d'écoulement persistant, on consultera un vétérinaire.

A l'examen, le pavillon des oreilles doit apparaître sec et de couleur claire. Les traces de cérumen seront ôtées à l'aide d'un coton-tige humecté d'eau, sans toucher au conduit auditif. Un cérumen de couleur noirâtre, d'odeur forte et désagréable, une oreille enflée appellent l'intervention du vétérinaire.

Le nez peut présenter des croûtes ou un écoulement, que l'on nettoiera avec un coton humidifié ; on consultera un spécialiste si la guérison se fait attendre.

La mauvaise haleine du chat peut être due à un abcès situé dans la bouche ou dans la gorge. Comme pour le détartrage des dents ou la gingivite possible, le recours au vétérinaire est nécessaire.

La région péri-anale doit être toujours tenue parfaitement propre ; elle sera toilettée en particulier lors de selles non consistantes. Si l'animal se lèche fréquemment l'arrière-train ou s'il le frotte contre le sol, le vétérinaire diagnostiquera certainement un engorgement des glandes anales et prescrira le nettoyage qui s'impose.

On peut, de temps à autre, baigner son chat, tous les deux ou trois mois. On évitera les bains trop rapprochés, car ils risquent d'éliminer le sébum qui protège la peau de l'animal notamment contre les affections provoquées par le froid. Comme le chat n'aime pas spontanément l'eau, on l'habituera au bain dès l'âge de quatre mois et l'on évitera tout geste pouvant l'effaroucher.

L'examen du pelage révélera, peut-être, la présence de pellicules – signe d'une carence en éléments minéraux – ou une chute anormale de poils, que l'on combattra par l'apport de vitamines ; cette inspection décèlera également l'éventuelle présence de parasites.

Les parasites

Les parasites externes

La chute abondante de poils peut être causée par la teigne. Ce champignon microscopique développe des plaques, sèches ou suintantes, légèrement enflées. On combat cette maladie, transmissible à d'autres animaux et à l'homme, en appliquant des solutions iodées ou soufrées, ou bien en employant des antibiotiques.

Le pelage du chat offre une résidence agréable pour nombre de puces et, en particulier, pour *Cnetocephalis felis,* la puce du chat. Pour l'en débarrasser, l'animal sera baigné dans une eau tiède puis frictionné avec une lotion antiparasitaire.

Les poux fréquentent peu la fourrure du chat. Si, toutefois, celle-ci en abrite, les mêmes antiparasitaires et les méthodes utilisées contre les puces les feront disparaître.

C'est sur la tête que se localise presque toujours la gale du chat, provoquant chute des poils et lésions. Cette maladie est due à un parasite acarien *(Nitiedres cati)* qui creuse des galeries sous la peau pour y déposer ses œufs. On doit combattre dès le début cette gale transmissible à d'autres animaux et à l'homme avec, notamment, des solutions de Lindane ou de Terpinéol.

Comme les poudres sèches et les insecticides chlorés peuvent être dangereux pour le chat qui les lécherait, après avoir frictionné l'animal, il est préférable de le tenir enveloppé dans un linge sec et propre, en ne laissant libres que la tête et les pattes, le temps nécessaire pour que le produit agisse. Après avoir enlevé le linge, on rincera le poil avec une éponge humide avant de le sécher et de le peigner pour le débarrasser des parasites morts.

Les parasites internes

L'appareil digestif peut héberger des parasites comme l'ascaris ou le ténia. Petits vers ronds et spiralés, les ascaris provoquent des vomisse-

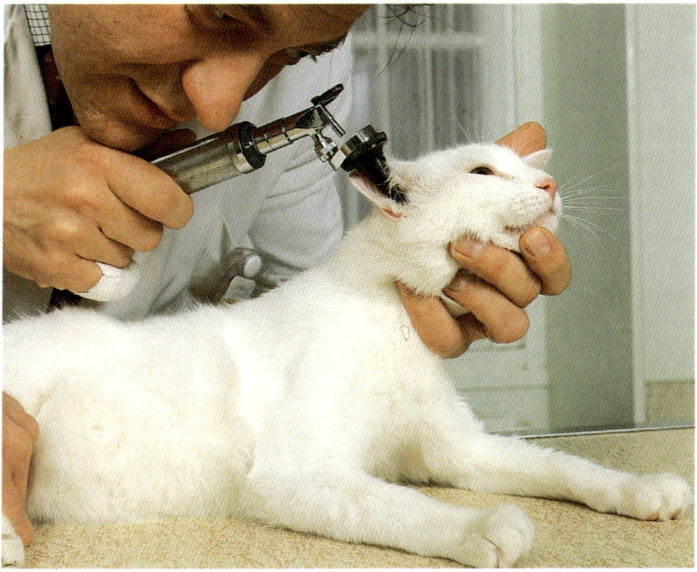

Une visite périodique chez le vétérinaire est indispensable pour s'assurer de la bonne santé de l'animal.

ments ou des diarrhées. On en décèle dans les déjections de l'animal. Le vétérinaire indiquera le vermifuge à employer.
Le chat atteint du ténia voit son poil se ternir et souffre de diarrhées. Les ténias sont des vers plats difficiles à évacuer. Là encore, il ne faut pas hésiter à consulter un vétérinaire qui prescrira le vermifuge spécifique et le traitement qui seront peut-être à renouveler et à modifier en cas d'inefficacité.

D'une maladie à l'autre

• Vomissements et diarrhées ne sont pas dus obligatoirement à des parasites. Le chat vomit très facilement et, parfois, il le fait intentionnellement pour se purger. Cependant, lorsque les vomissements se répètent et que le chat semble souffrir, une diète doit lui être imposée ; on lui fera ingurgiter une cuillerée de sirop antispasmodique. La diarrhée peut être causée, tout simplement, par une mauvaise digestion. Un antiseptique courant et une nourriture composée de produits frais y remédieront. En cas de constipation, on ajoutera aux aliments frais une cuillerée d'huile de paraffine. Mais si les malaises persistent, il vaut mieux consulter un vétérinaire.
• Les reins du chat et son appareil urinaire sont fragiles. Ses urines seront surveillées, car il risque de souffrir soit d'une affection grave : congestion rénale, néphrite, urémie, cystite, soit de calculs rénaux.
• Le chat peut être en proie à des quintes de toux. Un animal jeune recevra une cuillerée de sirop antitussif pour bébé. Mais, si la toux persiste, particulièrement chez un chat âgé, il peut s'agir d'une bronchite chronique ; une visite chez le vétérinaire s'impose alors. Si le chat est atteint d'une angine, le médecin prescrira collutoires et antibiotiques adaptés. Lui seul également sera à même d'établir un diagnostic au cas où l'animal se montre anormalement fatigué ou rapidement essoufflé.
• Les traumatismes neurologiques sont d'autant plus spectaculaires qu'ils demeurent souvent incompréhensibles. Si la crise nerveuse se prolonge, une petite dose de sédatif calmera l'animal en attendant l'arrivée d'un praticien. Il est préférable de ne pas manipuler le chat et de le laisser dans la position qu'il occupe lorsqu'il retrouve enfin l'apaisement.
Si toutes ces maladies sont d'une certaine gravité et réclament l'intervention d'un vétérinaire, on doit rappeler que le chat est un animal robuste, peu sujet à ces affections. Dans la plupart des cas, on le soigne (ou il se soigne) aisément. Souvent, d'ailleurs, le chat donne par son comportement de précieuses indications qui aident le diagnostic.
• S'il se gratte l'oreille et que se produit un écoulement plus ou moins brun, s'il penche la tête, il signale une otite chronique qui nécessitera désinfectants et calmants. Si l'animal se montre nerveux dès qu'on tente de l'examiner, s'il garde la tête penchée et si l'écoulement devient rougeâtre et purulent, il présente alors une otite aiguë qui devra être

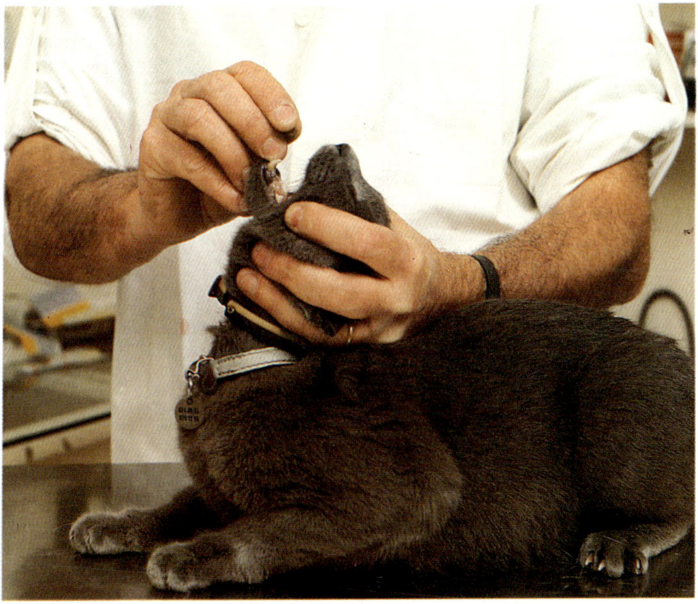

L'espérance de vie du chat est plus grande aujourd'hui qu'autrefois grâce, notamment, aux progrès réalisés par la médecine vétérinaire.

traitée avec des antibiotiques et des décongestifs. Mais un autre type d'otite provoquée par des parasites infiniment petits, très douloureuse, ne sera décelable que par le vétérinaire, qui ordonnera alors un traitement antiparasitaire.

• Une rhinite chronique se traduit par un écoulement nasal, des éternuements, des larmoiements ; elle se soigne assez facilement. Mais attention, les mêmes symptômes peuvent aussi annoncer un début de coryza, que l'on doit combattre sans le moindre retard.

• Le chat possède un œil fragile ; tout épanchement anormal attirera l'attention. Il peut souffrir de conjonctivite, dont les causes sont multiples. La blépharite qui infecte les paupières sera maîtrisée par application d'une pommade antibiotique. La cornée blessée, un ulcère avec lésion visible, une kératite provoquant une opacité partielle ou totale de la cornée, un glaucome (le globe oculaire a tendance à sortir de l'orbite), un entropion (le renversement anormal de la paupière sur le globe oculaire)..., autant de troubles qui réclament l'intervention du médecin.

• La gingivite est assez fréquente chez le chat. Une mauvaise haleine et une gencive rougie et enflammée la signalent ; elle sera soignée avant que n'apparaissent abcès ou suppurations. De même, l'animal indique qu'il souffre d'une stomatite quand il mange avec difficulté, qu'il salive beaucoup et que son haleine est forte ; cette inflammation de la bouche nécessite une prescription d'antibiotiques et des badigeonnages au bleu de méthylène. Une dent cassée, une ulcération de la racine peuvent provoquer une fistule dentaire qui, souvent, oblige à l'extraction de la dent malade.

La rage

A la suite d'un article à sensation paru dans la presse française, une véritable campagne fut menée contre les chats errants désignés comme vecteurs de la rage... Fort heureusement, on est revenu, depuis, à une saine notion des choses. En tout état de cause, il est préférable de faire vacciner son chat (à partir de l'âge de trois mois).
A quels signes reconnaît-on un chat atteint de la rage ? Un animal habituellement doux deviendra brutalement agressif ; au contraire, un chat très vif deviendra amorphe.

Être vivant et actif, le chat peut être victime des mêmes maladies que les autres êtres vivants ; en dresser ici le catalogue serait trop long. Rappelons qu'il est indispensable de prévenir certaines graves maladies virales, tels le typhus et le coryza, contre lesquelles on fera vacciner le chaton dès la huitième semaine. La médecine vétérinaire a fait d'énormes progrès depuis quelques années. Aussi est-il bien plus judicieux, et rassurant, de consulter un praticien que de vouloir à tout prix traiter soi-même – sauf dans des cas bénins – un animal souffrant de quelque trouble, dont l'origine est rarement facile à établir.

La vieillesse et la mort

Autrefois, on accordait au chat une espérance de vie qui ne dépassait pas huit ou neuf ans. Aujourd'hui, grâce aux progrès réalisés dans le domaine de la diététique et, surtout, des techniques vétérinaires, les chats vivent plus longtemps.
Les signes de vieillissement apparaissent presque brutalement. Le chat âgé doit recevoir une alimentation appropriée. Sa mauvaise denture ne lui permettant plus de couper ou mâcher ses aliments, on lui présentera des bouillies et des soupes ; on hachera la viande et les légumes seront passés. Mais, au fil du temps, on voit son vieil ami décliner, sa santé se dégrader ; on doit alors se persuader que la meilleure preuve d'amour à lui donner est de le faire piquer pour abréger ses souffrances.
Le chat est mort : si l'on n'a pas la possibilité de l'enterrer dans un coin de jardin, les services municipaux se chargeront de l'enlèvement du corps. On peut préférer son inhumation dans un cimetière pour chats. La mairie ou la S.P.A. en connaissent les adresses.

LE CONCOURS

Cela commence toujours ainsi : on a fait l'acquisition d'un très beau chat de race, mâle ou femelle, possédant un pedigree garanti. L'éleveur qui a cédé l'animal a certifié qu'il ne souffrait d'aucune tare ni défaut, et l'on se dit un jour : « Ce magnifique félin ne pourrait-il pas avoir une descendance ? » On se met alors en quête, selon le cas, d'un étalon ou d'une reproductrice.

Presque toutes les races de chats ont leurs clubs. C'est auprès d'eux que l'on obtiendra des renseignements utiles pour le choix d'un partenaire. Ou, à défaut, on sollicitera l'éleveur, qui organisera lui-même la rencontre avec un(e) de ses pensionnaires.

De ces amours naîtront des chatons si beaux que l'on pense tout naturellement à les présenter dans une exposition et à les faire concourir pour un titre de champion. Dès lors, il est nécessaire de connaître et de respecter certaines règles.

L'admission au concours

Le chat doit être inscrit dans un livre des origines, soit le Livre français des origines félines (L.F.O.F.), soit le Registre expérimental (RIEx). Seuls échappent à cette règle les chats dits de maison et les chats

Ce magnifique champion vient de se voir attribuer la plus haute récompense.

De plus en plus prisées par le public, les expositions félines offrent la possibilité aux amateurs et aux éleveurs de se retrouver autour d'une même passion. ▶

inscrits en classe Novices. Pour être admis, l'animal doit être âgé d'au moins trois mois et posséder un carnet de vaccinations à jour. Les vétérinaires postés à l'entrée de l'exposition refoulent tout candidat dont le carnet ne donne pas le détail précis des vaccinations et rappels.
Il faut également produire son pedigree avec la notification portant certificat de saillie de l'étalon et certificat de naissance ; ce dernier mentionnera le nombre exact des nouveau-nés, leurs caractéristiques et l'identité des parents. Si le père et la mère sont inscrits au Livre des origines du club, celui-ci indiquera les pedigrees des chatons. Si l'un des parents ou aucun des deux n'est inscrit au club, les chatons seront enregistrés au RIEx. Leur nom portera obligatoirement l'initiale choisie pour l'année.
Acceptés à l'exposition, les chatons doivent obtenir un qualificatif « excellent » auprès de deux juges internationaux, en classe Novices. Le même résultat sera exigé sur trois générations avant que le descendant soit enfin inscrit au Livre des origines, ce qui, étant donné la fréquence des mises bas d'une chatte, ne représente pas un temps excessivement long.
D'une fédération féline à l'autre, le règlement du concours peut varier ; en revanche, les classes restent toujours identiques. Elles font apparaître six catégories, pour mâles, femelles et castrés (neutres) :
– la classe Novices est réservée aux chats placés sur le Livre d'attente ;
– la classe Chats de maison comprend les ex-chats de gouttière ;
– la première classe Jeunes regroupe les chatons de trois à six mois avec pedigree ;
– la deuxième classe Jeunes est réservée aux chatons de six à dix mois avec pedigree ;
– la classe ouverte comprend les adultes avec pedigree et les candidats au Certificat d'aptitude au championnat (C.A.C.) ;
– la classe Champions concerne les chats ayant obtenu trois C.A.C. en classe ouverte et méritant le titre de Champion. Seuls les champions peuvent concourir pour le C.A.C.I.B. (Certificat d'aptitude au championnat international de beauté) et au titre de Champion international. Enfin, au sommet, se placent les titres de Grand Champion international et de Champion d'Europe.
Des qualificatifs sont décernés, allant de « bon » à « excellent ». Les chats doivent être jugés dans l'anonymat le plus complet. Leurs maîtres restent à l'écart jusqu'à la remise des récompenses ; les juges procèdent à l'examen des candidats dans une salle interdite au public.
Le propriétaire d'un chat appelé à concourir doit lui aussi respecter quelques règles. Il ne cherchera en aucune manière à influencer les juges, acceptera leur verdict avec sportivité... même si, en son for intérieur, il demeure persuadé que son favori mérite toutes les récompenses !

La préparation du candidat

Si le candidat est un chat à poil court, un Européen par exemple, une semaine avant la date prévue, on lui fera prendre un bain dans une eau tiède jusqu'à mi-flancs. S'il n'est pas habitué à ce traitement, on lui parlera doucement tout en le maintenant fermement. Bien entendu, on évitera de lui mettre la tête sous l'eau, de même qu'en le savonnant on fera en sorte de ne pas atteindre les yeux. Il convient de choisir un shampooing doux. Immédiatement après le bain, on séchera l'animal avec une serviette ou du papier absorbant. Ensuite, on brossera chaque jour l'animal dans le sens du poil, opération que l'on renouvellera juste avant de le présenter à ses juges.

S'il s'agit d'un chat à poil long et particulièrement d'un Persan, on le baignera dans l'eau tiède, une bonne semaine avant le concours, en utilisant de préférence une bassine. On emploiera un shampooing pour bébé plutôt que des shampooings secs ou à vaporiser qui indisposent certains chats. On procédera avec douceur, et on prendra soin de ne jamais asperger l'animal.

Pour le sécher, on peut employer une serviette-éponge, chaude sans excès, ou des feuilles de papier absorbant. Le séchage doit être effectué dès la sortie de l'eau – par applications remontant vers le cou. On peut aussi utiliser un séchoir électrique peu bruyant en l'approchant progressivement de la fourrure. Quand la robe est bien sèche, on talque celle-ci

puis on élimine la poudre par un brossage minutieux. La veille de la présentation, le brossage sera exécuté avec un soin redoublé.
On évitera de se servir de brosses en nylon, qui cassent le poil. Quant aux démêloirs en matière plastique ou en écaille, ils ne pénètrent pas assez profondément dans la fourrure. Un démêloir en fer à dents arrondies, que l'on passe sans toucher la peau, un peigne fin dit « à puces » et une brosse en soie de sanglier montée sur caoutchouc souple sont de bons instruments de travail.
Par ailleurs, il ne faut pas oublier de s'occuper des griffes... mais on ne les épointera soi-même que si l'on a l'habitude de le faire. Tout d'abord, on presse sur le doigt pour bien faire sortir la griffe. Puis, avec une pince à guillotine, on coupe la pointe en prenant soin de ne pas atteindre la veine située à l'intérieur, ce qui provoquerait une hémorragie ou, pour le moins, ferait souffrir l'animal.
Soulignons, pour finir, un détail qui a son importance : si le chat que l'on souhaite présenter a l'habitude d'aller et venir en toute liberté, il est bon de lui faire connaître la cage quelques jours avant le début de l'exposition. Sinon, il risque de très mal supporter son emprisonnement temporaire et de miauler désespérément pendant des heures !

LES RACES ET VARIÉTÉS

LES CHATS À POIL COURT

L'EUROPÉEN

Origine

L'Européen a longtemps été appelé Chat des rues ou de gouttière, et surnommé « Greffier ». C'était le parent pauvre, celui qu'on ne présente jamais dans les expositions. Ses maîtres lui donnaient quartier libre, ouvraient portes et fenêtres pour le laisser vagabonder à son gré.
Et puis, en 1925, un membre du Governing Council of the Cat Fancy, la plus célèbre association féline britannique, prit la parole lors du congrès annuel et déclara qu'il était grand temps de se pencher sur le cas de cette race, de très loin la plus importante et la plus répandue dans le monde, et que notre Chat des rues méritait autant de considération que ceux, bichonnés, pomponnés, parfumés, trônant lors des concours.

Européen Brown Tabby.

Son point de vue fut largement approuvé et l'on décida, unanimement, que le Gouttière deviendrait l'Européen, c'est-à-dire une race à part entière avec un standard bien à elle.
D'où vient donc cet Européen ? Cette question nous renvoie à une interrogation plus générale : d'où vient le Chat ? Du fait que le Tabby tigré représente le type même de l'Européen, on a cru, pendant longtemps, qu'il descendait du Chat sauvage européen.
Sans doute y eut-il, parfois, des « rencontres » mais les différences morphologiques (taille, poids, charpente, forme de la tête, dents, plante des pieds) sont telles qu'il s'agit bien, incontestablement, de deux individus différents.
Si l'on veut établir un rapport plus immédiat avec un autre chat sauvage, on peut alors évoquer le Chat de Cafrerie *(Felis libyca)*, appelé aussi Chat ganté ou Kaffir, et dont il existe encore quelques spécimens en Afrique de l'Est. Ce chat aurait été introduit en Europe – et en Gaule – par les légionnaires romains, après qu'ils eurent séjourné en Égypte. En Angleterre, l'arrivée du chat domestique aurait coïncidé avec la venue des marchands égyptiens qui, faisant commerce avec les peuplades anglo-saxonnes, ne manquaient certainement pas d'emmener sur leurs nefs leur animal favori.
Durant plusieurs siècles, le chat domestique fut pratiquement absent d'Europe. Cette disparition presque totale demeure énigmatique. Certains avancent l'hypothèse suivante : à l'époque, en fait, le Chat n'était pas répandu ; seules les familles aisées, lesquelles ne pratiquaient pas l'élevage, achetaient à prix fort aux marchands un nombre restreint de spécimens qu'elles destinaient exclusivement à la chasse aux rongeurs. Les guerres et les invasions auraient finalement ruiné ce trafic.
Les Croisés, de retour de Terre sainte, le ramenèrent d'Asie Mineure sur leurs navires... Ils ignoraient alors qu'ils transportaient aussi un animal dangereux dans leurs cales, le rat, qui allait envahir tout le Vieux Continent. Involontairement, ils se sont donc trouvés à l'origine des batailles sans fin que les deux ennemis mortels allaient désormais se livrer.
Les Britanniques appellent le Gouttière « British Short-Hair », et outre-Atlantique, où il fut introduit par les pionniers colons, on le nomme « American Short-Hair ». Ces chats ont eux aussi engendré de nombreuses variétés, des Unicolores aux Tigrés.

Aspect général

L'Européen constitue un type intermédiaire entre les races persane et siamoise. Sa tête s'inscrit dans un cercle avec un stop légèrement marqué. Il possède un corps harmonieux, bien charpenté, vigoureux sans être lourd.
La robe présente les couleurs les plus diverses. Le poil est court et serré. Lorsqu'il se déplace, l'Européen donne une grande impression de souplesse. C'est un chat « élastique ».

Européen bleu crème.

Standard

On peut considérer que l'Européen appartient à la plus pure des races. Sa sélection s'est opérée sans intervention de la génétique. Qu'on songe un instant aux milliards de rencontres, depuis des millénaires, à l'ombre des cheminées ou sur l'herbe d'un pré ! Et pourtant, on retrouve toujours, au hasard des portées, le Tigré parfait que nos ancêtres ont connu.

Dans la mesure où les relations amoureuses chez l'Européen continuent de se dérouler en toute liberté, on a choisi d'établir un standard assez large, tenant compte de la multiplicité des couleurs.

Corps : bien charpenté, puissant et vigoureux, sans lourdeur. Le dos est droit, la poitrine large et pleine. Les pattes sont courtes et fortes mais restent en harmonie avec le corps. Les pieds sont ronds et fermes. La queue, d'une longueur en rapport avec celle du corps, est assez épaisse à la base, effilée à l'extrémité, dont le bout est arrondi.

Tête : ronde, large entre les oreilles, qui sont petites et légèrement arrondies au sommet. Le nez est court, large, droit. Le menton est ferme, plutôt arrondi et bien développé. Les yeux ronds, bien écartés et ouverts, sont placés légèrement en oblique ; ils peuvent être verts, vert-jaune, cuivre ou bleus. Le cou, large et court, est bien « accroché » au corps.

Robe : courte, serrée et douce au toucher. De nombreuses couleurs unies ou mêlées sont acceptées.

Défauts : des joues pendantes, une taille trop forte, une cassure dans le nez, une fourrure laineuse, un corps de forme ou trop ramassée ou trop svelte.

On ne peut reconnaître en tant qu'Européen un animal issu manifestement d'un croisement avec un chat d'une autre race.

Échelle des points			
Tête	20	Queue	10
Yeux	10	Manteau, couleur	
Corps	20	et condition	30
Pattes et pieds	10	*Total*	*100*

Caractère et comportement

On a souvent écrit que l'Européen était un faux animal domestique. Plus que tout autre, il tient à garder son indépendance, ce qu'il manifeste quand l'occasion lui en est donnée. Mais il sait, également, offrir à son maître la plus fidèle des amitiés.

Compagnon toujours agréable, il aime qu'on s'occupe de lui... à condition de ne pas franchir certaines limites. Si on l'importune, il le fait clairement savoir en grondant, en se rétractant, en cherchant à se dégager, voire à prendre la fuite. En revanche, il est capable de rester de longues heures presque immobile aux côtés de son maître occupé à travailler.

L'Européen se montre assez fugueur, mais il revient généralement au foyer après une absence plus ou moins prolongée. Ce chat possède une intelligence remarquable doublée d'une subtilité étonnante. Il aiguise ces deux qualités lorsqu'il est en liberté, là où il doit faire face à un danger permanent, multiple qui l'oblige à trouver des solutions immédiates.

Il estimera particulièrement un maître qui lui consacre pleinement, chaque jour, quelques minutes car, s'il donne son affection, il entend être payé de retour.

Européen noir.

On peut, si on le souhaite, garder un Européen exclusivement chez soi car ce chat s'adapte bien à tout logement, même de faible superficie. Il éprouve cependant le besoin de bouger, de se dépenser ; on doit donc, dans la mesure du possible, laisser ouvertes les portes intérieures pour qu'il puisse se déplacer sans contrainte d'une pièce à l'autre. On évitera ainsi d'en faire un chat paresseux, perdant peu à peu de sa vitalité.

Entretien et alimentation

L'entretien d'un Européen ne pose guère de problèmes. Si on lui laisse la possibilité de sortir, il n'abusera pas de cette liberté dès l'instant où on lui offre une nourriture régulière. C'est un chat naturellement propre. Toutefois, on prendra soin de le brosser tous les trois ou quatre jours et l'on procédera à un examen complet une fois par semaine. Il revient rarement crotté ou poussiéreux après une nuit passée en plein air ; s'il s'agit d'un mâle, il est possible qu'il se soit bagarré avec d'autres chats, surtout à l'époque des amours. Alors, on nettoiera soigneusement les griffures ou les morsures. Au besoin, on lui fera prendre un bain dans une eau tiède, et l'on séchera rapidement le poil avec une serviette.
L'Européen est un chat robuste qui ne craint ni la chaleur ni le froid. Livré à lui-même, il parvient toujours à se nourrir ; mais, bien sûr, s'il bénéficie d'une alimentation correctement dosée, il ne s'en portera que mieux.

Européen crème.

Il faut l'habituer très jeune à consommer de la viande mais aussi des légumes cuits. On tiendra toujours à sa disposition une écuelle d'eau propre. S'il le supporte, on lui offrira du lait, mais en très petite quantité. De temps à autre, on lui fera boire une cuillerée à café d'huile d'olive ou manger, à défaut, une sardine à l'huile d'olive.

Reproduction

L'Européen qui a le loisir de sortir vivra ses amours en liberté. S'il s'agit d'un mâle, on peut ne pas chercher à le contrarier. En revanche, une femelle risque de revenir fécondée d'une promenade au clair de lune... et cela plusieurs fois par an. Si l'on veut lui éviter ces grossesses à répétition, l'ovariectomie constitue la meilleure solution.

L'exposition

Bien qu'il porte aujourd'hui le titre de chat de race, l'Européen est encore boudé dans les expositions félines. Les organisateurs, dans leur ensemble, voient toujours en lui le Chat de gouttière. Les uns invoquent le manque d'espace disponible ; d'autres affirment tout bonnement que ces animaux n'ont absolument pas leur place aux côtés des « vrais » chats de race !

Depuis quelques années, il semble toutefois qu'on accepte plus volontiers les Greffiers. On les accueille à titre d'« invités », et l'on a constaté parfois qu'ils concouraient dans leur catégorie. Encore faut-il qu'ils aient un pedigree et que certaines règles admises par tous soient respectées.

L'Européen possède, néanmoins, un avantage sur les autres races. Les chats dits de maison peuvent être admis, une fois passé l'examen vétérinaire, même s'ils ne sont pas inscrits sur un des deux livres des origines.

Le toilettage, c'est-à-dire la préparation au concours, est identique à celui auquel on procède pour les chats à poil court. Il importe de couper les griffes de l'animal afin qu'il ne blesse pas l'examinateur d'un coup de patte, le Greffier, ne l'oublions pas, se montrant généralement plus indépendant que les chats élevés « dans du coton ».

Variétés

Lorsqu'il a été promu chat de race, on a classé l'Européen en sept catégories. Mais, depuis, les variétés se sont multipliées et tout laisse à penser qu'il s'en créera encore. Dans la majorité des cas, ces variétés se différencient les unes des autres uniquement par les couleurs de la robe, parfois par la couleur des yeux. On distingue : les Unicolores, les Bicolores, les Fumés (Smoke), les Écaille de tortue, les Tachetés (Tabby).

Les Européens unicolores

- L'Européen blanc doit présenter une fourrure d'un blanc pur sans la moindre marque et sans reflets jaunes. Les chatons naissent parfois avec une tache qui disparaîtra au cours de la croissance.

Cette variété se divise en trois catégories : Blanc aux yeux bleus, Blanc aux yeux orange, Blanc aux yeux vairons (un bleu et un cuivre). On a constaté, il est important de le souligner, que l'Européen blanc aux yeux bleus est souvent atteint de surdité. Mais, si le chaton présente, à sa naissance, une tache assez foncée sur la tête, il ne connaîtra probablement pas cette infirmité ; et la tache disparaîtra assez rapidement.
• L'Européen noir eut, pendant longtemps, la fâcheuse réputation d'être un auxiliaire des sorcières. Sa robe doit être d'un noir absolu sans la moindre trace. Sa truffe est noire. Les yeux sont orange foncé ou cuivre. Jusqu'à l'âge de six mois, le chaton peut avoir une fourrure gris foncé avec çà et là des poils blancs. Presque toujours, la robe deviendra par la suite d'un très beau noir.
• La couleur de l'Européen chocolat est considérée par beaucoup comme étant mal définie. On tolère, d'ailleurs, toutes les nuances de brun à condition qu'elles soient uniformes. La truffe est chocolat clair. Les yeux sont cuivre ou orange foncé.
• L'Européen lilas fait l'objet des mêmes réserves. On obtient, parfois, de très beaux spécimens qui présentent une robe se situant uniformément entre le lilas fané et le rose. La truffe est lavande rosé et les yeux sont cuivre ou orange foncé.
• La robe de l'Européen crème doit être d'une couleur pastel uniforme en profondeur sans marques ou rayures, même peu apparentes. La truffe est rose et les yeux sont cuivre ou orange foncé. Les juges, lorsqu'ils sont indulgents, admettent des ombres légères sur les pattes, voire sur le front.
• L'Européen rouge n'existe, en réalité, que dans l'imagination de quelques éleveurs. Il est extrêmement difficile d'obtenir une fourrure d'un rouge foncé sans la moindre marque. Quelques associations félines le reconnaissent en tant que variété.
• L'Européen bleu, quant à lui, se confond avec le Chartreux qui a pris place parmi les grandes races.

Les Européens bicolores

Les Européens bicolores restent difficiles à situer car ils présentent des robes très diverses. On estime que la partie blanche de la fourrure doit couvrir la moitié du pelage ou au moins un tiers. Les taches doivent être nettes, bien définies et réparties harmonieusement. La truffe est rose ou d'une couleur identique à celle de complément. Les yeux sont orange foncé ou cuivrés.

Le blanc doit se marier avec une des couleurs suivantes : noir, bleu, chocolat, lilas, rouge ou crème.

Les Européens fumés (Smoke)

C'est un sous-poil argent qui donne au Smoke cet aspect. La fourrure du chat au repos paraît unicolore mais, dès qu'il se déplace, celle-ci présente des reflets argentés. On distingue quatre catégories.

Européen blanc aux yeux orange.

Européen écaille de tortue.

Européen crème et blanc.

Européen écaille et blanc.

- Le poil du Smoke noir est d'un noir net avec à la base une bande argentée que l'on peut voir, au repos, en écartant le poil. Comme tous les autres Européens Smoke, il a des yeux orange ou jaunes. La truffe est noire ou seal.
- Le Smoke bleu a le poil bleu-gris ou seal et la truffe bleu-gris.
- Le Smoke chocolat et le Smoke lilas suscitent les mêmes réserves que les Unicolores chocolat et lilas.

Les Européens écaille de tortue

La robe de ces Européens présente trois couleurs, réparties le plus également possible. Les mâles sont presque toujours stériles. Pour obtenir des chatons écaille de tortue, il faut marier une femelle appartenant à cette variété avec un mâle unicolore dont la teinte correspond à une des trois couleurs de la chatte.

Les couleurs doivent être nettes, brillantes, harmonieusement distribuées sur tout le corps et jusqu'aux extrémités. La truffe est rose, noire ou, parfois, tachetée. Les yeux seront dans tous les cas orange foncé. Quelquefois, les chatons naissent pourvus d'un sous-poil gris. Celui-ci disparaîtra au cours de la croissance. Aucune marque persistante ne peut être tolérée.

On classe les Européens écaille de tortue en fonction de leurs taches.

Européen Spotted Tabby.

C'est ainsi qu'on reconnaît :
- l'Écaille de tortue chocolat ;
- l'Écaille de tortue lilas ;
- l'Écaille de tortue et blanc ;
- l'Écaille de tortue bleu et blanc ;
- l'Écaille de tortue lilas et blanc ;
- l'Écaille de tortue chocolat et blanc.

On distingue également l'Européen écaille et bleu-crème, à propos duquel les éleveurs ne sont pas tous d'accord : en Europe, on admet que les poils bleus et crème soient mêlés, alors qu'aux États-Unis, on exige que les taches bleues et les taches crème soient bien nettement séparées.

Les Européens tachetés (Tabby)

L'Européen tigré (Mackerel Tabby) peut être considéré comme le type même de la race. Le mot *tabby* nous vient de Bagdad. Pour les tisserands irakiens, il désignait le style des dessins qu'ils reproduisaient sur leurs tapis, inspirés des motifs ornant le pelage des chats.
La couleur de base de la fourrure tabby est unie sur tout le corps mais présente des rayures, des points, des marbrures. Généralement, apparaît sur chaque flanc une marque plus large « en forme d'huître ». La

queue est annelée de façon aussi régulière que possible, et les pattes sont barrées, elles aussi, régulièrement. Sur l'ensemble du corps, de nombreuses petites taches se répartissent, formant souvent des lignes continues. Lorsque le chat fronce les sourcils, un M se dessine sur son front. Partant du cou, une ligne légère peut être admise à condition que la forme des taches reste homogène et que leur couleur soit en harmonie avec celle du corps. Il en va de même pour la couleur des yeux. Les couleurs de base admises sont : noir spotted, bleu spotted, chocolat spotted, lilas spotted, rouge spotted, crème spotted. Plus généralement, on reconnaît :

- le Silver Tabby, dont la couleur de base est argent clair avec des marques noires ;
- le Red Tabby, à la robe rousse rehaussée de marques rousses plus foncées ; ses yeux sont noisette ou orange, et son nez, son menton, ses coussinets rouges ;
- le Brown Tabby, dont la fourrure est d'un brun soutenu avec des marques noires ; son nez est rouge brique et ses coussinets sont noirs ou marron.

On confond assez souvent le Tigré (Mackerel) et le Moucheté (Spotted). Le fond de la robe peut avoir une couleur uniforme sans trace de blanc. Chez le Tigré, le corps est couvert de rayures verticales ininterrompues. La couleur des yeux s'harmonise avec celle du pelage ; les dessins doivent être répartis régulièrement. Chez le Moucheté, on remarque des petites taches rondes, nettement séparées, de teinte plus foncée que le fond de la robe. La queue peut être mouchetée ou annelée.

Européen Silver Tabby.

LE SIAMOIS

Origine

Diverses hypothèses – parfois saugrenues – ont été avancées quant à l'origine du Chat siamois.
Le docteur Blonk, spécialiste de cette race, a développé la thèse d'une ascendance africaine fondée sur des croisements entre le Chat de Cafrerie et le Chat du Bengale. Pourtant, si le Chat de Cafrerie a effectivement nomadisé de l'Afrique au Sud-Est asiatique et a donc pu rencontrer le Chat du Bengale, on comprend mal comment une union entre deux chats sauvages très typés et fort dissemblables aurait produit un animal lui-même très différent de ses prétendus pères.
Seule certitude : le Siamois est bien originaire de l'Asie du Sud-Est, comme, à une époque très reculée, d'autres petits félidés au poil court, avec ou sans taches. Peut-être même a-t-il précédé le Burmese, l'Oriental et le Havana.

Siamois Seal-Point.

Quoi qu'il en soit, nous pouvons situer le lieu et la date où des Européens découvrirent le Siamois tel qu'on le connaît aujourd'hui.
En 1884, l'Anglais Owen Gould, envoyé par son gouvernement en mission commerciale et politique au Siam, qui deviendra plus tard la Thaïlande, fut reçu par le roi. Au cours de leur conversation, ce dernier déclara que son père, le roi Pragadipok, nourrissait une véritable passion pour ses chats et qu'il en avait, lui-même, fixé une race.
Owen Gould affectionnait beaucoup les chats. Lorsqu'il vit, dans la chatterie royale, de superbes petits félins, ce fut à peine s'il entendit, tant

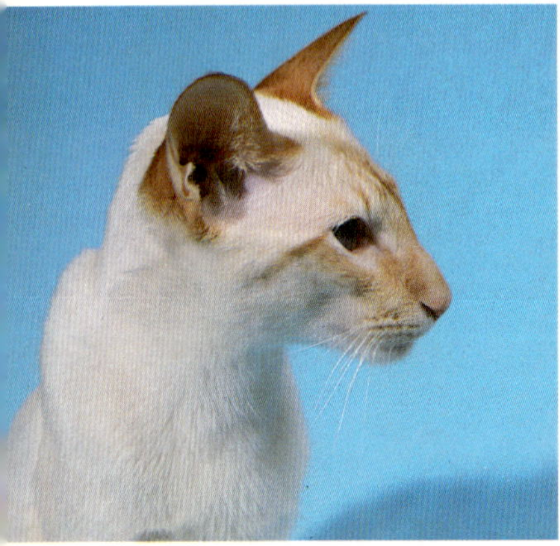

Siamois Red-Point.

Siamois Lilac-Point.

il était subjugué, son hôte royal préciser que des sanctions allant jusqu'à la peine de mort étaient prévues pour toute personne qui tenterait de voler un seul de ces chats. Le Britannique décida néanmoins qu'il ramènerait un couple de Siamois jusqu'en Angleterre. Peu avant son départ, il soudoya un serviteur et obtint ainsi deux petits animaux qu'il dût, certainement, payer leur pesant d'or.

Ce qu'avait réussi un Anglais, un Français se devait de le tenter. L'année suivante, Auguste Pavie, qui devint plus tard ministre plénipotentiaire, effectua, sans doute pour les mêmes raisons commerciales et diplomatiques, un séjour au Siam. Peut-être s'adressa-t-il au même serviteur vénal ! Toujours est-il qu'il rapporta à son tour un couple de Chats siamois en France. Il en fit don au jardin des Plantes, à Paris.

Les exploits de ces deux Européens faillirent toutefois rester sans lendemain. De part et d'autre de la Manche, on admira ces chats qui, véritablement, ne ressemblaient à aucun autre. Mais, sans doute parce qu'on ignorait tout de leur élevage autant sur le plan de l'environnement que du climat ou de l'alimentation, les animaux dépérirent. On en vint à penser que cette race était de santé trop délicate et l'on abandonna toute idée d'élevage suivi.

Plus tard, quand le roi de Siam ouvrit les portes de sa chatterie, de nouveaux Siamois firent leur apparition en Europe. Soignés, alimentés, surveillés par des vétérinaires qui s'étaient spécialisés dans les « animaux familiers », ces petits félidés asiatiques s'acclimatèrent et, surtout, engendrèrent des chatons en bonne santé.

Il fallut cependant attendre jusqu'en 1926 pour admirer dans les expositions des Siamois de qualité. Alors, l'engouement pour ces chats fut tel qu'il faillit causer leur perte. En effet, pour répondre à la demande, les éleveurs multiplièrent le rythme des portées chez les femelles. La trop grande consanguinité produisit des jeunes chats débiles, malingres,

chétifs, abâtardis, qui survivaient rarement ; et qui, quand ils parvenaient à procréer, donnaient naissance à des mort-nés.
En 1932, à Londres, on décida de prendre des mesures sévères. Un standard fut précisément défini et une échelle des points établie. Les juges furent invités expressément à décerner titres et médailles dans le respect scrupuleux des normes officielles. Ainsi, le Siamois prenait place parmi les races les plus belles et les plus recherchées.

Aspect général

Le Siamois est un chat à poil court caractérisé essentiellement par les marques que présente sa fourrure sur le visage, le corps et la queue. Très souple, il possède une détente exceptionnelle ainsi qu'une vivacité de mouvements étonnante. Tous ses gestes sont emplis d'une rare élégance.
A l'époque où il s'est répandu en Europe et aux États-Unis, il apparaissait comme un chat relativement « enveloppé », à la tête triangulaire mais sans angles prononcés. Aujourd'hui, les éleveurs cherchent à l'« affiner » davantage. On dit le Siamois plus « typé ». Mais ne risque-t-il pas de perdre en solidité ce qu'il gagne en finesse ?

Standard

Nous indiquons ici le standard du Siamois type : le Seal-Point, et des variétés proches : Blue-Point, Chocolate-Point, Lilac-Point, qui se distinguent par la couleur des marques et le ton de la robe, très peu changeant mais présentant des nuances.

Corps : de taille moyenne, long et svelte, sans mollesse, il repose sur des pattes longues et fines, les postérieures étant un peu plus hautes. Les pieds sont petits, de forme ovale. La musculature est bonne sans

Siamois Cream-Point.

être saillante. Il doit être absolument dépourvu de graisse. La queue, longue et effilée, est bien droite et sans nœud [1].

Tête : bien proportionnée, elle doit s'inscrire dans un triangle net, presque parfait, large sur le front et à la hauteur des oreilles, et s'effilant en pointe vers le menton. Le cou est allongé. Les oreilles, larges et bien dessinées, se terminent en pointe, nettement sur le côté. Le nez est long et droit. Les yeux, en amande et brillants, sont un peu inclinés vers le nez ; seule couleur admise : un bleu très soutenu.

Robe : le poil, court, fin et serré, est bien lustré et très près du corps.

Marques : ornant le visage – notamment les oreilles –, les jambes, les pieds et la queue, elles font contraste avec le reste du corps, de teinte unie. Ces zones, appelées *points* en anglais, doivent toujours présenter une couleur foncée, riche, soutenue et se détacher nettement. Leur localisation est immuable.

Échelle des points

Tête	15	Couleur du corps	10
Yeux	5	Forme des pattes	5
Couleur des yeux	15	Forme de la queue	5
Oreilles	5	Texture du poil	10
Couleur des marques	10	État général	5
Type et forme du corps	15	*Total*	*100*

Caractère et comportement

Le Siamois est un chat très intelligent et sensible, parfois difficile à comprendre tant ses réactions sont imprévisibles. Très vif, exubérant même, courageux, il devine aisément le caractère de son maître et sait en jouer avec beaucoup de finesse. C'est le chat d'un seul ami, auquel il s'attache au point de se laisser mourir en cas de séparation. Le Siamois tient ses distances envers les étrangers, dont il n'accueille les marques d'amitié qu'avec la plus extrême réserve.

Plus que tout autre chat, il refuse d'être considéré comme un jouet vivant ou un objet. Il réagit avec rapidité, et peut donner un coup de griffe s'il se sent contraint.

1. Une querelle a longtemps divisé ceux qui admettaient que le bout de la queue fût noué et ceux qui s'y opposaient. Les premiers, pour défendre leur point de vue, rappelaient que le Siamois était, même en des temps très anciens, un chat princier. Ils faisaient état d'une légende selon laquelle, lorsqu'elles se baignaient, les princesses royales enfilaient leurs bagues sur la queue de leur chat, qui repliait et nouait alors le bout de l'appendice caudal... Mais cet argument semble avoir manqué de poids puisque, aujourd'hui, on exige que la queue du Siamois ne présente aucun nœud.

Les mâles et, surtout, les femelles quand elles sont en chaleur émettent un cri déchirant qui rappelle celui d'un bébé en pleurs.
Le Siamois ne constitue pas le chat idéal pour qui aime le calme, la tranquillité. Car, s'il a horreur du tapage, cela ne l'empêche pas de se montrer bruyant ! Le maître dont il sollicite l'amitié doit être capable de lui donner une affection réelle et permanente.
Le Siamois a besoin d'espace et d'une certaine liberté. Même si, comme les chats d'autres races, il peut sommeiller de longues heures sur un coussin ou un fauteuil, il apprécie qu'on lui donne la possibilité d'aller et venir pour se détendre et dépenser une énergie toujours latente. Il convient de surveiller plus étroitement une femelle en chaleur qui saura

Siamois Blue-Point.

toujours profiter d'une porte ou d'une fenêtre ouverte pour s'en aller courir l'aventure.
Il faut savoir également que le jeune Siamois se livre parfois à des actes de vandalisme : rideaux lacérés, pieds de meubles entamés, tapis détériorés... Mais il devient plus raisonnable en prenant de l'âge !

Entretien et alimentation

Considéré longtemps comme un animal fragile, ou pour le moins délicat, le Siamois se montre en réalité, aujourd'hui, aussi robuste que les autres chats. On fait même état de cas de longévité étonnants. Les progrès de la médecine vétérinaire, une diététique mieux étudiée, une hygiène bien observée, autant de conditions favorables qui ont assuré la pérennité de la race. Une seule précaution reste à prendre : éviter les brusques écarts de température ainsi que les courants d'air violents, le Siamois devant évoluer dans une ambiance de douce chaleur.
Sa toilette ne pose guère de problèmes. Un brossage tous les trois ou quatre jours lui sera profitable. On peut employer une brosse en nylon montée sur caoutchouc. L'opération s'effectue dans le sens du poil et toujours avec régularité et douceur. Durant la période de mue, on doit procéder à rebrousse-poil, plus énergiquement mais sans trop appuyer, puis on termine la toilette à l'aide d'une brosse douce. Le bain est à éviter. Un shampooing sec suivi d'un brossage s'avère préférable.
L'alimentation du Siamois doit être très équilibrée. Ce chat aime beaucoup le poisson. On peut donc lui proposer en alternance 100 g de viande – voire un peu plus – et une ration comparable de poisson. Il apprécie également le riz, qu'on lui offrira en petite quantité de temps à autre, agrémenté de légumes frais. Toutes les trois semaines environ, on lui fera ingurgiter une cuillerée d'huile d'olive ; mais si l'animal proteste avec énergie, on lui proposera alors une sardine à l'huile d'olive, qu'il acceptera sans doute plus volontiers.
On lui donnera du lait en petite quantité s'il le digère sans difficulté, et, bien entendu, on laissera toujours à sa disposition une écuelle d'eau parfaitement propre.

Reproduction

La femelle se montre très précoce et ses portées peuvent être importantes. Il vaut mieux ne pas prévoir d'accouplement avant qu'elle n'ait atteint l'âge de huit mois. A leur naissance, les petits sont entièrement blancs ou presque. Les marques apparaissent au bout de quelques semaines.

L'exposition

Chat à poil court, le Siamois n'a pas besoin, à l'inverse du Persan, d'un toilettage très poussé. Il n'en faut pas moins le préparer avec la plus

grande attention. Si le chat est soigné convenablement, un bain sera inutile. En revanche, on pourra lustrer son poil à l'aide d'un gant de velours, opération que l'on recommencera juste avant de présenter l'animal à ses juges.
Les expositions se déroulent généralement sur deux jours. Elles obligent les éleveurs, dans la plupart des cas, à séjourner une nuit à l'hôtel... et à y emmener leurs chats, ce qui n'est pas toujours une sinécure ! Il s'est trouvé, en effet, des hôteliers alertés en pleine nuit par des clients qui se plaignaient de cris d'enfants provenant d'une chambre voisine : cris qui se révélaient être, en définitive, des miaulements de Siamois !

Variétés

Bien qu'il existe, aujourd'hui, de nombreuses variétés, on reconnaît en tant que « Siamois à part entière » les quatre frères : Seal, Blue, Lilac et Chocolate, dont toutes les autres variétés sont issues.

Les Siamois Seal-Point

Ils constituent véritablement le type même du Siamois, le plus ancien aussi, quoique certains prétendent que le Blue-Point a la même antériorité. La robe est beige, fauve pâle sur le dos. Le masque, les oreilles, les pattes, la queue se parent d'un brun foncé profond, et les yeux sont d'un bleu soutenu.

Les Siamois Blue-Point

Ce sont, également, des Siamois « vénérables ». La couleur de la robe est blanc glacé et les marques sont d'un bleu qui rappelle, dit-on, celui des porcelaines de Delft. Tout comme le Seal, le Blue-Point est très recherché.

Siamois Chocolate-Point.

Siamois Seal Tortie-Point.

Les Siamois Lilac-Point
Leur corps, blanc ivoire, se fonce un peu sur le dos ou s'orne d'ombres légères. Le masque est gris pâle, rehaussé de reflets roses. Le nez et les pelotes présentent une teinte lilas pâle ou rose nuancé de lavande.

Les Siamois Chocolate-Point
Ils ont le corps uniformément blanc ivoire mais qui peut se foncer, faiblement, à proximité des marques, lesquelles sont d'une couleur chocolat chaud sur le masque, les oreilles, les pattes et la queue.

Les Siamois Red-Point
C'est la variété la plus proche des « quatre grands ». Le corps, blanc, peut s'ombrer et présenter des reflets abricot. La couleur du masque, des oreilles, des pattes et de la queue tire plutôt vers l'or roux ou rougeâtre brillant que vers le rouge net. La truffe est rose. Les Red-Point, s'ils possèdent des marques très nettes, se révèlent être de très beaux Siamois.

Les Siamois Cream-Point
Ils dérivent du Red-Point. Le corps, d'un blanc pouvant tirer sur le crème pâle, est parsemé de marques très atténuées, parfois chamois clair. Le manteau ne doit pas présenter des marques très chaudes.

Siamois Cream Tabby-Point.

Les Siamois écaille de tortue

- Seal Tortie-Point : la couleur beige du corps peut aller en se fonçant sur le dos. Les taches brunes se trouvent bien réparties. Truffe et coussinets sont seal rose. Une flamme rouge sur le visage ajoute à la beauté du chat.
- Blue Tortie-Point : le corps est blanc glacé et peut s'ombrer sur le dos, avec des marques assez foncées et bien dégagées. La truffe et les coussinets sont bleu-gris et rose.
- Chocolate Tortie-Point : le corps, de ton ivoire, se présente sans ombres trop nettes. Les marques, très bien réparties, sont chocolat clair. La truffe est chocolat-au-lait et rose, tout comme les coussinets.
- Lilac Tortie-Point : sur la robe, de couleur blanc cassé, les marques vont du lilas au crème clair. La truffe et les coussinets sont lavande-rose.

Les Siamois Tabby

Le Tabby (tigré) est considéré comme une variété importante. En 1960, des éleveurs cherchèrent à créer des Siamois Tabby. Ils réussirent dans leur entreprise : six ans plus tard, les Tabby étaient admis officiellement. On observa, alors, un véritable engouement et chacun entendit baptiser son Tabby d'un nom bien distinct. C'est ainsi qu'on présenta des « Shadow », des « Lynx », des « Attabiy ». Mais aujourd'hui, on leur préfère les appellations classiques.

Les Siamois Tabby doivent posséder une robe de couleur claire, sans ombres, avec des lignes très nettes dans le masque, une queue régulièrement annelée, des oreilles portant une tache. Sur les pattes, apparaissent des lignes de diverses longueurs qui se terminent généralement en une pointe unicolore.

Le Siamois Tabby est né en France, le père de la variété étant un mâle qui répondait, paradoxalement, au nom de Faux-pas.

• Seal Tabby-Point : le corps beige est parfois un peu ombré sur le dos. Les marques, plus foncées, portent des rayures elles-mêmes seal ; la truffe est marron.

• Blue Tabby-Point : le corps, blanc glacé, est parfois ombré sur le dos. Les rayures sont d'un bleu-gris net, la truffe et les coussinets bleu-gris.

• Chocolate Tabby-Point : la robe, de couleur ivoire, présente des marques chocolat-au-lait ornées de rayures. La truffe et les coussinets sont dans les tons chocolat-au-lait.

• Lilac Tabby-Point : la robe, blanc cassé, montre des marques avec des rayures chocolat-au-lait. Truffe et coussinets sont chocolat-au-lait.

• Autres Siamois Tabby : Seal Tortie-Tabby-Point, Blue Tortie-Tabby-Point, Chocolate Tortie-Tabby-Point, Lilac Tortie-Tabby-Point. Ces chats ont les oreilles tachetées, tout comme la truffe et les coussinets. La queue, régulièrement annelée, peut aussi présenter des taches. Ces Siamois ressemblent davantage à des Tabby-Point qu'à des Tortie-Point.

Siamois Seal Tabby-Point.

Comme ils le font pour d'autres races de chats, les éleveurs tendent à multiplier les « couleurs ». Il en résulte parfois – et c'est le cas chez les Siamois – une relative confusion, aggravée par le fait que, certaines « variétés » n'étant pas définitivement fixées, plusieurs d'entre elles peuvent disparaître plus ou moins rapidement.
Une autre tendance se dessine : des éleveurs visent à revenir au type Siamois tel qu'on l'a connu pendant de longues années, c'est-à-dire à produire un chat plus « enveloppé » et au visage moins triangulaire.

LE HAVANA

Origine

Comme d'autres chats du Sud-Est asiatique, le Havana – nom choisi en raison de sa couleur qui rappelle celle du cigare cubain – possède sa légende. Chanté par les poètes pour sa grande beauté, c'était un chat porte-bonheur qui préservait la maison de son maître de tout péril ou malheur.
Cependant, le Havana tel qu'on le connaît aujourd'hui en Europe, où il est encore peu répandu, n'est pas un descendant direct du chat asiatique. Son origine serait britannique. Pour les uns, le Havana naquit, en 1950, des amours d'une Persane noire et d'un Siamois Seal-Point. Pour d'autres, c'est d'un accouplement fortuit, en 1952, entre un Siamois et une Européenne noire que seraient issus les premiers Chestnuts Brown, nom que les Anglais voulurent un moment imposer. La race a été officiellement reconnue en 1958.

Aspect général

On le confond parfois avec le Burmese : la couleur de son pelage, sa taille, son allure, son élégance entretiennent, il est vrai, cette confusion. Toutefois, il suffit de mettre les deux chats côte à côte pour constater que les différences l'emportent sur les similitudes : la robe est brun foncé chez le Burmese et marron chez le Havana ; les yeux sont jaunes chez le premier, verts chez le second ; la tête du Burmese est plus courte, celle du Havana, plus angulaire ; etc.

Standard

Corps : long, svelte mais musclé ; les jambes sont de longueur moyenne. Les pieds sont ovales et compacts. Le cou est assez fin. La queue, moyennement longue, est effilée.
Tête : allongée, elle est bien proportionnée, avec un museau plus large que long. Le menton est ferme, les oreilles sont écartées et penchées vers l'avant. Les yeux, ovales, sont verts et brillants.

Havana Brown.

Robe : le poil, brillant, est uni, lisse et bien réparti.
Couleurs : toutes les nuances de brun-marron chaud sont admises.

Caractère et comportement

Le Havana est un chat calme, intelligent, à la personnalité très affirmée. Il aime le jeu et s'entend bien avec les enfants. Son miaulement est très doux, ce qui rend supportables les conversations ininterrompues de la mère avec ses petits.
Ce chat sait s'adapter à la vie en appartement, doté d'une terrasse si possible. Il apprécie un maître qui se montre aussi calme que lui.

Entretien et alimentation

Le poil du Havana, après brossage, se lustre à l'aide d'une pièce de flanelle, tous les deux ou trois jours.
Animal robuste et sain, il se satisfait d'une nourriture bien équilibrée.

Reproduction

A la naissance, les petits possèdent une fourrure fine et pelucheuse. Ils voient clair dès le sixième ou le septième jour. La mère s'occupe d'eux avec un amour qui émeut l'observateur.

Variétés

Sans que l'on puisse parler strictement de « variétés », le Havana Brown étant la seule considérée comme telle du fait de sa couleur, on doit signaler qu'à partir de croisements entre Siamois et Européens principalement, on obtient des « couleurs » qui font souche mais dont l'avenir n'est pas absolument assuré, ne serait-ce qu'en raison de l'apparition de nombreuses variétés d'Orientaux.

- Ainsi en est-il du Lavender, appelé aussi Lavande à poil court, dont le nom dit clairement la nuance. On peut citer également l'Ebony, un Unicolore noir dont la beauté ne serait pas discutable s'il n'était confondu avec l'Oriental noir. Ces « variétés », d'ailleurs, sont également classées parmi les Orientaux.

L'ORIENTAL (ou ÉTRANGER)

Origine

L'Oriental est une race de chats très ancienne, originaire de l'Asie du Sud-Est, que les éleveurs anglais recréèrent à partir du Siamois. C'est dans les années 60 qu'apparurent ces chats unicolores ou à robe composée. Devant l'extrême diversité des variétés, les fédérations félines ont tenté d'établir une classification distinguant les Unicolores, baptisés Étrangers, des Tabby tachetés, marbrés, rayés et des Écaille de tortue, que l'on appelle Orientaux.

Oriental Red Spotted Tabby.

Aspect général

L'Oriental a l'allure, la corpulence et la souplesse du Siamois, ce qui fait dire à certains qu'il serait l'ancêtre du Siamois.
Le Spotted Tabby, comme le Mau Égyptien, porte sur le front la marque du scarabée sacré.

Standard du Spotted Tabby

Du fait même d'une grande diversité au sein de ce type, le standard du Spotted Tabby n'est pas encore arrêté, mais les jugements rendus dans les concours permettent de dégager des règles assez générales.

Corps : il donne une grande impression de souplesse et de finesse. Les pattes sont hautes, les postérieures plus longues que les antérieures, mais sans grande disproportion. La queue, longue et fine, est plus sombre à son extrémité, presque noire.
Tête : elle s'inscrit dans un triangle peu prononcé. Le profil est allongé et le menton bien dessiné. Les yeux, presque en amande, doivent être verts et inclinés vers le nez.
Robe : couchée et lustrée, elle présente des taches réparties sur tout le corps ; les pattes peuvent être rayées. Le dos se pare de trois raies allant de la tête à la queue qui, elle, est annelée. Ces raies sont formées de petits points rapprochés. Sur le front doit apparaître un dessin en forme de scarabée.

Échelle des points			
Tête	20	Couleur et mouchetures	30
Yeux	10	Texture du poil	10
Corps	20	Condition	5
Queue	5	*Total*	*100*

Caractère et comportement

Les Orientaux n'apprécient guère la solitude, pas plus qu'ils n'aiment la concurrence. Jaloux de tempérament, ils montrent un attachement total à leur maître, et peuvent attaquer un possible rival.

Entretien et alimentation

Chat à poil court, l'Oriental, comme tous ses « frères », n'a besoin d'un brossage que de temps à autre.
Robuste, il se satisfait de repas équilibrés, dans lesquels le poisson alterne avec la viande une fois sur trois.

Reproduction

Comme toutes les chattes d'ascendance siamoise, la femelle de l'Oriental se montre précoce. Les taches que présentent les chatons se précisent quelques jours après leur naissance.

Variétés

Les Orientaux Spotted Tabby (mouchetés)

- Spotted Tabby brun : robe marron foncé chaud, tiquetée de noir, avec des taches bien séparées les unes des autres.
- Spotted Tabby bleu : pelage ivoire, tiqueté de bleu-gris bien détaché.
- Spotted Tabby chocolat : corps de couleur sable, tiqueté de brun chocolat.
- Spotted Tabby lilas : robe blanc cassé, avec un ticking lilas.
- Spotted Tabby rouge : pelage abricot et dessin d'un roux soutenu.
- Spotted Tabby crème : robe crème plus pâle que le dessin, crème chaud.

Orientaux ; à droite : Silver Spotted Tabby, à gauche : Seal Spotted Tabby.

Les Orientaux Tabby tigrés

- Tabby tigré noir : corps marron foncé, tiqueté de noir, et dessin très net ; rayures verticales, spirales sur les joues.
- Tabby tigré bleu : robe de couleur ivoire, avec un ticking bleu-gris foncé.
- Tabby tigré chocolat : pelage de ton sable, tiqueté de brun chaud.
- Tabby tigré lilas : corps blanc cassé, tiqueté de lilas, avec un léger reflet rose.
- Tabby tigré rouge : robe de ton rouge net et dessin plus foncé.
- Tabby tigré crème : pelage crème très clair et dessin crème foncé.

Les Orientaux Tabby

Ce sont, en fait, tous les autres Tabby. On retrouve ici les mêmes variétés dans les couleurs de base du Siamois ; on peut considérer que celles-ci entrent dans la catégorie des Chats mau (voir monographie suivante).

Les Orientaux écaille de tortue

- Écaille : taches bien définies, tons chauds avec différentes nuances ; marques tabby non tolérées dans les parties rouges.
- Écaille bleu : de couleur gris-bleu sur fond crème.
- Écaille chocolat : de couleur chocolat-au-lait sur fond crème.
- Écaille lilas : de ton lilas, avec ou sans reflet rose, sur fond crème pâle.

Les Orientaux unicolores (Étrangers)

- Unicolore brun : ressemble beaucoup au Havana ; fourrure uniforme sans être très foncée, d'un brun-marron chaud.
- Unicolore bleu : robe sans ombre brunâtre, du bleu-gris clair au bleu-gris plus net.
- Unicolore noir (Ebony) : pelage nettement noir sans reflet roux.

Oriental noir (Ebony).

• Unicolore lilas (Lavender) : corps lilas fané nuancé de rose bien marqué.
• Unicolore rouge : robe orange foncé à rouge net sans aucune marque.
• Unicolore crème : pelage pastel uniforme et assez pâle.
• Unicolore blanc (Foreign White) : corps d'un blanc pur sans aucune ombre jaune.

LE MAU ÉGYPTIEN

Origine

C'est en 1957 que le Mau Égyptien fit son apparition dans le monde des chats de race. La princesse Troubetskoy arriva aux États-Unis accompagnée d'un couple de « chats sacrés » de l'ancienne Égypte. Elle n'hésita pas à affirmer que ces deux spécimens, nommés Gepa et Ludol, descendaient en ligne directe de chats divins vénérés à l'époque des pharaons. Ils firent sensation, d'une part, parce qu'ils étaient véritablement très beaux et, d'autre part, parce qu'ils portaient la marque du passé, dont les Américains sont particulièrement friands.
A partir de ce couple prestigieux, les éleveurs créèrent une descendance d'autant plus assurée du succès que ces chats arboraient sur le front le dessin du scarabée sacré. La race fut officiellement reconnue en 1968.

Mau Égyptien.

Aspect général

Le Mau possède un corps élégant et une tête triangulaire au regard expressif. Quoique pourvu d'une musculature solide, il donne une impression de finesse presque fragile. Ses oreilles, larges et écartées, accentuent la forme triangulaire de la tête. Le cou est bien marqué.

Standard

Corps : d'une morphologie semblable à celle de l'Abyssin, le corps est svelte, élégant, doté d'une musculature à la fois solide et fine. Les jambes sont assez longues. La queue, longue et rayée avec régularité, présente une extrémité de couleur plus foncée.
Tête : elle s'inscrit dans un triangle légèrement arrondi ; le menton est fin. Les vibrisses sont longues et apparaissent nettement. Le dessin du scarabée, sur le front, se devine plus qu'il n'apparaît distinctement. Les yeux sont ovales et grands, d'une couleur uniformément vert clair.
Robe : le poil est soyeux et sa texture fine. Tachetée sur tout le corps, la robe présente une ou deux bandes tiquetées dont l'origine pourrait remonter à des croisements au temps des pharaons. Les couleurs reconnues sont au nombre de trois : argent avec des taches noires, bronze avec des taches chocolat, fumé avec des taches noires.

Échelle des points			
Tête	15	Manteau	10
Yeux (forme et couleur)	10	Dessin	25
Corps	20	Couleur	15
Queue	5	*Total*	*100*

Caractère et comportement

Le Mau Égyptien est un chat qui, adulte, sait rester calme. Très affectueux, aimable envers tous, il recherche volontiers la compagnie de l'homme, ce qu'il démontre au cours des expositions, où il lui arrive de faire des « grâces » pour peu qu'on le regarde.
Le Mau a besoin d'espace. Si l'on ne dispose pas d'un jardin ou d'une terrasse, il se sentira toutefois à son aise dans une maison ou un appartement assez vaste. Il aime qu'on s'occupe de lui et que son maître lui parle fréquemment.

Entretien et alimentation

Un brossage de temps à autre, dans le sens du poil, suffit. Le Mau aime la propreté et porte lui-même un grand soin à sa toilette.
Son alimentation doit être variée.

Reproduction
La femelle est précoce et assez prolifique. Elle peut donner naissance à six chatons par portée. Très rapidement, ceux-ci se montrent pleins d'allant, s'ébattent, chahutent entre eux, se mordent. La mère ou le père sont souvent obligés d'intervenir lorsque les jeux deviennent assez dangereux.

L'exposition
Le Mau Égyptien est encore très rare en France et même en Europe. Par voie de conséquence, on le rencontre très peu dans les expositions. En Grande-Bretagne, ce bel animal cède la place à l'Oriental Spotted Tabby qui, du fait de ses nombreuses variétés, tient, si l'on peut dire, le haut du pavé.

LE CHARTREUX

Origine
L'origine de ce chat français (à ne pas confondre avec le British Blue) est ancienne. Dès le XVIe siècle, le Chartreux était cité et Joachim du Bellay, poète de la Pléiade, écrivait des vers émouvants sur la mort de son petit « Belaud, couvert d'un poil gris argentin ras et poli comme satin ».
Vient-il du monastère de la Grande-Chartreuse, dans les Alpes, où les

Chartreux.

moines élevaient des chats à la couleur proche de celle de leurs bures, ou de l'hôpital de Belle-Île, élevé et utilisé par des religieuses qui n'acceptaient, pour chasser les souris, que des chats portant une robe aussi grise que leur propre tenue ? Ces chats ne seraient-ils devenus français que lorsque des moines chartreux en ont rapporté d'Afrique du Sud ? En fait, la vérité imposerait plutôt que le Chat des chartreux soit non seulement français, mais encore parisien. On notait en effet sa présence dans le couvent des chartreux qui s'élevait sur l'emplacement de l'actuel jardin du Luxembourg, à Paris !
On a longtemps classé ce chat parmi les Européens... en se référant à son origine. Aujourd'hui, le Chartreux a pris place, à juste titre, parmi les races les plus caractérisées... et les plus recherchées.

Chartreux.

Aspect général

Ce que l'on remarque immédiatement chez ce chat, c'est sa « bonne tête » aux joues rebondies. Colette, qui aimait beaucoup cette race, appelait son Chartreux « mon petit ours aux joues pleines ». On dit aussi de lui qu'il est « un brave homme de chat ». Ni agité ni bruyant, il sait faire preuve de vivacité, de patience aussi, et se révèle être un redoutable chasseur de souris. Quand il se déplace, le Chartreux donne une étonnante impression de force tranquille.

Il aime se tenir allongé, pattes repliées, ou presque en boule, sur le côté. Son air bonhomme peut laisser penser qu'il est plongé dans un sommeil profond ; pourtant, même les yeux clos, son attention ne se relâche jamais.

Standard

Corps : puissant et massif, lourd (mais non lourdaud). La poitrine est large, bien développée, et le cou puissant. Les pattes, moyennes, sont musclées. Le poids du mâle peut atteindre 6 kg. La queue, en proportion, est légèrement arrondie et recouverte d'une fourrure identique à celle du corps ; elle ne doit pas être trop longue.

Tête : ronde en apparence, à cause des joues pleines. En réalité, la tête du Chartreux s'inscrit dans un triangle très « lâche », avec un crâne rond, des oreilles haut placées mais inclinées. Les mâchoires sont fort solides et les lèvres presque noires. Les yeux, ronds, grands ouverts et vifs, sont de couleur orange ou jaune cuivré. La truffe et les coussinets sont bleu-gris.

Robe : très particulière à la race. Le poil court, dense et lustré révèle une douceur de velours au toucher. Il rappelle celui de la loutre. La fourrure du Chartreux fut d'ailleurs très employée autrefois en pelleterie. Elle est serrée et possède une texture soyeuse. Le sous-poil, de même ton que le poil, est très fourni, d'où l'impression laineuse de l'ensemble.

Couleurs : toutes les couleurs du gris au gris-bleu sont admises, mais la préférence va au gris-bleu clair. Le ton, uniforme, ne doit présenter ni ombre, ni rayure, ni reflet brun. Aucun tipping n'est toléré.

Défauts : des taches ou des rayures sur le corps, quelles qu'elles soient, des yeux verts.

Échelle des points			
Tête	25	Fourrure	25
Yeux	10	Condition	5
Corps	25		
Queue	10	*Total*	*100*

Caractère et comportement

Chat tranquille et reposant, qui se déplace sans bruit, aime marquer de longues poses sur un coussin ou un fauteuil, et si possible non loin de son maître, le Chartreux est un animal intelligent et très subtil, de ceux dont on dit qu'ils savent toujours jusqu'où ils peuvent « aller trop loin ».
Il possède une façon bien à lui de regarder le monde et les gens qui l'entourent. Sa fidélité est sans égale ; tout comme le Siamois, il peut se laisser mourir de faim si, pour une raison quelconque, il se voit séparé de son maître. Certains affirment même que le Chartreux est « un chien déguisé en chat ». En effet, il suit volontiers son maître lors de longues promenades. En revanche, il peut tout aussi bien profiter d'une porte ouverte pour fuguer, si l'envie lui en prend, et ne réapparaître qu'après de longues semaines, comme si rien n'était arrivé !
Livré à lui-même, le Chartreux trouvera, plus facilement que tout autre chat, le moyen de subsister. Il retrouvera immédiatement les dons de chasseur que ses ancêtres possédaient.
Chat de bonne compagnie, le Chartreux accepte volontiers de vivre en appartement. Les amis de ses maîtres sont aussi ses amis. Après un temps d'observation, il viendra souvent quêter une caresse. Il ne demande qu'une chose à son maître, mais avec insistance : qu'il lui donne toute l'affection que lui-même est capable d'offrir.

Entretien et alimentation

Il convient de brosser sa robe deux fois par semaine. Ainsi, les poils morts tomberont régulièrement et la fourrure conservera son aspect laineux. Celle-ci doit faire l'objet d'une surveillance particulière car sa texture et son épaisseur sont susceptibles d'attirer les parasites.
Le Chartreux, animal solide et sain, est rarement malade. Il gardera une bonne santé si on lui propose une nourriture variée et régulière. Son bon appétit peut le porter au seuil de l'obésité. La viande crue, qu'il affectionne, sera donc limitée à une ration de 200 g par jour, en alternance avec des conserves. Elle accompagnera des légumes cuits : haricots verts, salade, carottes ; tous les glucides sont à exclure de son alimentation (en particulier : pain, pommes de terre, légumes secs) ainsi, d'ailleurs, que la viande de porc. Comme boisson, il appréciera un peu de lait nettement coupé d'eau.

Reproduction

Il existe un net dimorphisme entre le mâle et la femelle, celle-ci étant de plus petite taille. Ses portées comptent trois ou quatre petits, rarement plus. Les chatons sont aussi remuants et joueurs que leurs parents sont calmes. Afin qu'ils deviennent de très beaux chats, on doit leur donner tout au long de leur croissance, assez lente, des repas complets comprenant une bonne proportion de viande de bœuf crue.

Chartreux.

Une recommandation s'impose : pour éviter toute controverse, les croisements ne s'effectueront qu'entre « vrais » Chartreux. On évitera les unions avec des British Blue ou avec des Bleus Russes.

L'exposition

On fera prendre un bain au candidat quelques jours auparavant, afin de dégraisser la base de la queue et de rendre la fourrure plus bouffante. Le Chartreux s'habitue rapidement à la cage. Il s'y choisit un coin et, après avoir jeté un regard indifférent sur ses observateurs, ferme les yeux pour sommeiller.

Variété

Le Chartreux bleu-crème est un chat issu d'un croisement entre un Chartreux et un Européen crème. Il ressemble beaucoup au Chartreux type ; son standard est donc en grande partie identique. Cette variété,

de création récente, n'est pas reconnue officiellement par nombre de fédérations.
La couleur de la robe n'est pas unie : le bleu-gris et le crème s'y distinguent. Les amateurs ne sont pas tous d'accord quant à la répartition de ces deux couleurs sur la robe. Les Britanniques souhaitent que celles-ci se fondent dans l'ensemble, alors que les Américains recherchent de préférence des spécimens présentant des taches bien distinctes.
Le Chartreux bleu-crème, chat particulièrement doux et affectueux, est encore très rare. Cette variété ne produit que des femelles. Il faut donc accoupler une femelle Bleu-crème avec un Chartreux « normal ». On peut également chercher à unir une femelle Chartreux à un Européen crème, mais le résultat demeure hasardeux.
Signalons que l'on peut rencontrer, de par le monde, des chats rappelant le Chartreux : notamment un chat iranien de la région de Khurāsān et un chat russe vivant dans la région sibérienne de Tobolsk.

L'ABYSSIN

Origine

Dans le monde des éleveurs de Chats abyssins, la mésaventure d'une Anglaise, Mrs Rosita Forbes, continue de faire sourire. La dame s'était prise de passion pour les chats de cette race et désirait ardemment se procurer des individus dont l'origine serait aussi pure qu'incontestable.

Abyssin lièvre.

Au lendemain de la Première Guerre mondiale, elle décida donc d'entreprendre un voyage en Éthiopie pour rapporter de là-bas quelques spécimens. Mrs Forbes, en solitaire, parcourut ce pays de long en large, dans des conditions éprouvantes, avant de se rendre finalement à l'évidence : il n'existait pas d'Abyssins en Abyssinie ! Dépitée, elle retourna à Londres... où le chat qu'elle avait si vainement cherché était né !
Car, effectivement, l'Abyssin est anglais... même si son aïeul mâle naquit en Éthiopie. En 1868, un diplomate britannique en poste à Addis-Abeba, découvrit chez des amis éthiopiens un chat nommé Zula, dont le poil, bizarrement tiqueté, ressemblait à celui d'un lièvre. Peu avant son retour en Angleterre, son ami lui fit cadeau du petit animal dont il s'était entiché. A Londres, le diplomate constata que Zula faisait l'admiration de tous. C'est pourquoi il tenta d'obtenir des descendants. Après une série d'échecs, un croisement avec une Chatte européenne au pelage uni et gris foncé produisit, enfin, une portée de chatons qui ressemblaient beaucoup à leur père. On « mélangea » ces petits lorsqu'ils devinrent adultes. C'est ainsi qu'en 1871 les premiers Abyssins apparurent dans une exposition féline à Londres. Mais il fallut attendre 1926 pour que l'Abyssin soit officiellement reconnu.

Aspect général

Dans ses mouvements comme dans ses attitudes, l'Abyssin rappelle le chat vénéré par les anciens Égyptiens, tel qu'il figure sur les gravures et sur les sculptures des colonnes des temples.
Pour beaucoup, c'est le chat par excellence. Son élégance, la proportion parfaite de ses formes, la luminosité de son regard, la beauté originale de sa fourrure et les poses hiératiques qu'il sait prendre font de lui un animal exemplaire. Sa fierté, sa discrétion, la réserve qu'il garde en présence des étrangers parachèvent un portrait fort séduisant.
C'est également un sportif, qui pratique le jeu même à l'âge adulte, et entretient ainsi sa forme physique. Comme chacun de ses gestes révèle à la fois une parfaite maîtrise de soi et une agilité toujours gracieuse, on comprend que l'Abyssin soit de plus en plus recherché.

Standard

Corps : de taille moyenne, il est long et mince ; musclé, souple et très bien proportionné. Les jambes sont fines et nerveuses, et les pieds, petits, dotés de coussinets noirs. La queue, comme tout le corps, est recouverte d'un poil serré ; longue, elle va en s'effilant jusqu'à son extrémité.
Tête : triangulaire mais sans excès, elle est longue et délicate. Le nez, moyen et foncé, présente une bordure noire. Les oreilles, larges à la base, sont écartées ; leur sommet arrondi porte souvent une petite touffe de poils qui rappelle celle du lynx. Le cou, de longueur moyenne,

est élégant. Les yeux se montrent très expressifs : « les plus grands et les plus innocents qui soient » ; lumineux, en forme d'amande, ils sont cerclés de noir. En Europe, on les souhaite de couleur ambre, noisette ou verte. En Amérique, on les préfère dorés ou verts. La truffe est rouge brique et cerclée de noir.

Robe : le poil de l'Abyssin type – dit Abyssin lièvre à cause de sa couleur et, surtout, de son tiquetage assez semblable à celui du lièvre – est d'un beau brun tirant sur le roux sombre. La fourrure est douce au toucher ; elle ne doit comporter ni taches ni rayures, même peu apparentes. Toutefois, les juges tolèrent la présence d'une ligne plus sombre le long de la colonne vertébrale, avec un prolongement éventuel sur le dessus de la queue.

Couleur : les juges se montrent très sévères sur la couleur de l'Abyssin lièvre ; celle-ci doit être sans défaut sur tout le corps ; la teinte du ventre et de l'intérieur des pattes peut cependant aller de l'orange foncé à l'abricot. Le ton, dans tous les cas, doit être chaud.

Défauts : un médaillon blanc trop important, un sous-poil gris ou trop clair, un manque de tiquetage ou un tiquetage insuffisamment net, des rayures sur les quatre pattes, des marques visibles sur le ventre, une tête trop ronde, l'absence de cercle noir autour de l'œil, des oreilles trop petites ou pas assez pointues, des yeux ronds ou d'une couleur autre que celles admises.

Échelle des points			
Type (corps, queue, aspect général)	30	Couleur du corps	25
Tête	15	Tiquetage	20
Yeux	10	*Total*	*100*

Caractère et comportement

Chat vif, très éveillé et d'une intelligence remarquable, l'Abyssin voue à son maître un amour exclusif, et la réciproque doit se vérifier sous peine de bouderies plus ou moins prolongées ! Si son maître ne se montre pas suffisamment attentif ou s'il reste trop longtemps absent, ce chat perdra sa tranquillité d'esprit : il deviendra triste, n'hésitera pas le cas échéant à fuir un logis devenu par trop inhospitalier. Il faut absolument éviter de le laisser seul durant un long moment ; mais si l'on s'occupe de lui quotidiennement, si l'on cherche à le comprendre, si l'on sait lui exprimer son amitié, alors on découvrira en ce chat le plus agréable des compagnons. Joueur, il se calme sur un simple signe. Docile, il obéit à une injonction à la condition qu'elle soit formulée sans le moindre excès ou haussement de ton. Lui-même évite de montrer toute agressivité. Si on le taquine

Abyssins roux.

Abyssin bleu.

avec insistance, il préfère s'éloigner plutôt que de riposter et de manifester sa mauvaise humeur.
Enfin, lorsqu'il se sent réellement en confiance, l'Abyssin accepte de participer à des jeux et peut même réaliser des tours très simples si l'on a eu la patience de lui en apprendre.
Sportif, l'Abyssin a besoin d'espace. Dans le cas où l'on ne dispose que d'un appartement, il faut lui donner la possibilité de circuler à sa guise d'une pièce à l'autre. On ne s'étonnera pas de le voir sauter sur le haut d'une armoire : ce chat aime en effet les postes d'observation ! Mais il sera bien plus heureux s'il peut profiter d'un jardin planté d'arbres ; là, grimpant, bondissant, allant de branche en branche avec, toujours, une égale souplesse, l'Abyssin révélera toute sa grâce.

Entretien et alimentation

La toilette de l'Abyssin est des plus simples. La texture même de son poil et sa longueur ne nécessitent qu'un simple brossage tous les deux ou trois jours, effectué dans le sens du poil. En période de mue, l'opération sera réalisée à rebrousse-poil avec une brosse en nylon, et complétée par un léger brossage à l'aide d'une brosse douce. Une fois par semaine, on procédera, naturellement, à un examen complet et à une toilette un peu plus poussée.
De même, son alimentation ne pose pas de problèmes. L'Abyssin mange de tout, ne se montre aucunement difficile. Cependant, on exclura les féculents, les viandes trop grasses, et on lui proposera, en alternance, produits frais et conserves.

Reproduction

Il est émouvant d'observer la grande affection que se portent le mâle et la femelle vivant sous un même toit.
Une mère abyssine peut connaître des gestations difficiles ; il faudra parfois l'aider ou, pour le moins, être présent lors de la mise bas. Peu prolifique, elle donne rarement la vie à plus de trois petits par portée. On a remarqué, par ailleurs, une lactation chez elle moins importante que chez des chattes d'autres races. C'est pourquoi les éleveurs lui adjoignent fréquemment une bonne « nourrice » européenne qui prend en charge un ou deux nouveau-nés. Celle-ci les considère dès lors comme ses propres petits, et les deux mères vivent en parfaite intelligence.
La croissance des chatons est très lente, quoiqu'ils prennent très rapidement l'allure et les poses de leurs parents.

L'exposition

Un bon brossage suffit à donner une belle allure à l'animal. Préalablement à l'examen du juge, on lustrera son poil, qui ne doit absolument pas paraître « ébouriffé », avec un gant de velours.
L'Abyssin est un animal calme, et la présence de son maître près de la cage le tranquillisera tout à fait.

Variétés

- L'Abyssin roux (ou rouge), appelé également Sorrel ou, dans les pays anglo-saxons, Alezan, est une variété de grande classe, très appréciée. La robe doit être doublement tiquetée sur un très beau fond roux soutenu et cuivré, plus foncé sur le corps et d'un ton plus abricot sur le ventre et à l'intérieur des jambes. La pointe de la queue est brun foncé. Le nez est rose. Une ligne plus foncée le long de la colonne vertébrale et sur le dessus de la queue est admise, même si celle-ci se détache nettement. La truffe et les coussinets sont roses.

• L'Abyssin bleu, variété difficile à obtenir, a récemment été reconnu par l'ensemble des associations félines. Ce chat possède un pelage gris-bleu chaud avec un tiquetage bleu acier. Le poil de base est crème, tout comme le ventre et l'intérieur des pattes. La pointe de la queue et l'arrière des pattes sont bleu acier.
• L'Abyssin beige, par rapport au Roux, présente une robe de couleur faible, voire terne. Le ticking est crème foncé. Les résultats obtenus jusqu'à ce jour ne s'avèrent pas absolument probants.
• Ajoutons qu'il existe d'autres variétés : Chocolat, Lilas, Jaune doré, Silver, etc., qui, tout comme l'Abyssin beige, ne sont pas universellement reconnues.

LE KORAT

Origine

Ce chat très ancien vient de la province de Korat, un plateau montagneux situé en Thaïlande, d'accès difficile, ce qui explique que ce très bel animal soit resté longtemps inconnu. Seules les familles fortunées avaient les moyens de posséder ce chat noble vénéré sous le nom de Si-Sawat, synonyme de prospérité et de bonheur. Bien que jalousement gardé par ses heureux propriétaires, le Korat finit cependant par attirer l'attention des voyageurs.
En 1896, on présenta un spécimen dans une exposition anglaise. Il fut jugé dans la catégorie des Siamois et... disqualifié. En 1959, des Américains se procurèrent quelques Korats et les élevèrent sans chercher – par bonheur – à modifier le type. Et il est un fait que le Korat apparaît bien aujourd'hui tel que furent ses lointains ancêtres.

Aspect général

Du fait de la belle couleur bleue de sa robe, le Korat rappelle un peu le Chartreux et le Bleu Russe. De taille moyenne, il présente des proportions très en harmonie tant pour le corps que pour la tête. D'une agilité remarquable, il aime toutefois se déplacer avec tranquillité. La tête, qui s'inscrit dans un triangle assez « lâche », porte deux yeux énigmatiques d'un vert profond.

Standard

Corps : à la fois musclé et élégant, il est puissant sans être lourd, avec un dos arrondi. Les pattes sont de longueur moyenne. La queue, elle aussi de longueur moyenne, est épaisse à la base et s'effile jusqu'à l'extrémité, arrondie.

Korat.

Tête : en forme de cœur, elle porte des oreilles larges, arrondies aux extrémités. Le nez est court et légèrement incurvé vers le bas. Les yeux, bien ouverts et ronds, sont lumineux. Leur couleur est verte ou vert ambré. Les chatons naissent avec des yeux jaunes qui deviennent verts à l'âge de deux ans.

Robe : assez épaisse et près du corps, elle est dépourvue de sous-poil et apparaît soyeuse, lustrée, brillante.

Couleur : bleu argenté, sans rayure ni tache. L'extrémité des poils est argent ; un reflet argent bien soutenu est recommandé.

Défauts : un nez trop long ou trop court, un menton fuyant, des yeux trop petits, une queue à l'extrémité bouclée, une robe de couleur insuffisamment uniforme, avec des ombres ou des points blancs.

Échelle des points			
Tête	20	Robe	10
Yeux	15	Condition	5
Corps	25		
Couleur	25	*Total*	*100*

Caractère et comportement

Le Korat est un animal tranquille mais gai, toujours en quête d'un tour à jouer à son maître. Très intelligent et particulièrement affectueux, il est aussi très sensible et a horreur du bruit.

Chat casanier, il ne cherche nullement à s'éloigner de son domicile. Il appréciera un maître qui se montre aussi doux que lui.

Entretien et alimentation

On dit parfois que le Korat est prédisposé aux maladies respiratoires. En réalité, il s'agit d'un chat robuste. S'il est bien surveillé, si on lui offre une nourriture très saine, variée, et si on ne l'expose pas à des écarts de température trop grands, il conservera sa bonne santé.

La beauté du Korat tient en grande partie à la couleur et à la texture de sa robe. Pour l'entretenir, on lustre celle-ci à l'aide d'une pièce de flanelle ou d'un gant. Un brossage tous les trois jours doit suffire. Une friction légèrement appuyée fera tomber les poils morts.

Reproduction

Celle-ci ne pose guère de problèmes. Les chatons ne deviennent véritablement adultes qu'à l'âge de deux ans. Mais c'est à quatre ans qu'ils posséderont un pelage parfait. On soutiendra cette croissance par un apport de vitamines. Le mâle et la femelle s'occupent de leurs petits avec une égale sollicitude.

LE BLEU RUSSE

Origine

Voici un chat aux identités multiples... On l'a appelé Chat espagnol bleu, Chat de Malte, Chat d'Arkangelsk, Américain bleu, Archange bleu. Aujourd'hui, on le désigne sous le nom de Bleu Russe.

Dans les vieilles légendes de Russie, il est plusieurs fois question d'un chat de couleur bleue, mais il semble bien qu'il s'agisse là d'un faux

ancêtre. Ce chat aurait pourtant rencontré des Russes, des marins faisant escale dans un port de la Méditerranée orientale. Séduits par la beauté de cet animal, ils auraient emmené quelques spécimens jusque dans le nord de leur pays. En 1860, d'autres marins, qui avaient pris des Bleus Russes à bord de leur navire, auraient cédé ceux-ci à des éleveurs anglais. La robe de ce chat était alors plus grise que bleue.
Les nouveaux propriétaires effectuèrent une sélection et opérèrent des croisements qui donnèrent à l'animal la très belle couleur bleue qu'il possède aujourd'hui. Il fut admis à une exposition en 1912. Mais son élevage resta peu pratiqué, de sorte que, après la Seconde Guerre mondiale, il fut pratiquement absent du Vieux Continent. Toutefois, en 1965, il réapparut.
Aujourd'hui, ce chat est reconnu partout, mais peu d'éleveurs cherchent à l'affirmer parmi les chats de race. On ne peut que regretter cet état de fait, car le Bleu Russe est véritablement un très bel animal.

Aspect général

Ce chat n'est pas sans évoquer le Chartreux ou le British Blue. Cependant, le Bleu Russe est très différent de ceux-ci : son corps est nettement moins massif, sa tête plus allongée, le bleu de sa robe plus soutenu ; de plus, ses yeux sont vert vif et non pas jaunes ou orange.

Bleu Russe.

Standard

Corps : longiligne, il est doté d'une charpente fort moyenne. Les pattes sont longues et fines, les pieds petits et ovales. Le cou est dégagé. La queue, longue, droite et lisse, est effilée à son extrémité.
Tête : la face est large, avec un crâne long et plat. Le front et le nez, droits, forment un angle. Les oreilles, larges à la base, sont grandes et assez pointues. La peau des oreilles est fine, transparente. La base des moustaches est saillante. Les yeux, en forme d'amande et bien écartés, sont d'une couleur allant du vert bouteille au vert émeraude pâle.
Robe : le poil est court, à la fois épais et fin, légèrement dressé. Sa texture est caractéristique de la race.
Couleur : bleu-gris d'un ton soutenu, avec un reflet argenté. Aucune rayure, tache ou ombre n'est admise.
Défauts : un corps massif, une tête carrée, des yeux ronds ou présentant une lueur jaunâtre, une queue épaisse à la base, une fourrure couchée ou avec des poils blancs.

Échelle des points			
Corps et queue	30	Couleur de la robe	10
Tête et oreilles	25	Condition et présentation	5
Couleur des yeux	10	*Total*	*100*
Fourrure	20		

Caractère et comportement

Le Bleu Russe est un compagnon idéal pour qui habite un appartement en ville. Calme, propre et très affectueux, il vit en accord avec son maître, sur qui il pose souvent un regard interrogateur et dont il sait partager la bonne humeur.
Joueur quand il est jeune, il devient plus tranquille en prenant de l'âge, et passe de longs moments à faire sa toilette... ou à se reposer sans pour autant céder complètement au sommeil ; même les yeux fermés, il demeure en état d'alerte. Le Bleu Russe accepte la présence d'autres animaux familiers... y compris celle de chats.
Cet animal supporte bien le froid, mais il adore se tenir à proximité d'une source de chaleur. Il aime les personnes qui l'entourent ; toutefois, il n'apprécie guère le voisinage d'enfants trop bruyants.

Entretien et alimentation

Le poil du Bleu Russe présente une texture très particulière : celle-ci est double, ce qui donne à l'animal ce très bel aspect argenté. Pour que son poil reste dressé, il faut éviter de le brosser trop énergiquement. Une éle-

veuse anglaise précise que, dans le cadre d'une toilette en vue d'un concours, on doit faire chauffer du son, le répandre à une bonne température sur la fourrure, masser sans faire pénétrer puis brosser à rebrousse-poil afin d'éliminer toute trace de son ; quelques jours plus tard, le poil du chat retrouvera une texture très soyeuse.
Les menus du Bleu Russe doivent être très variés : viande émincée, légumes, abats seront à la base de son alimentation.

Reproduction

Il est très difficile d'obtenir des portées parfaites. Les parents doivent être de race et de sang très purs. La femelle met bas, généralement, quatre petits par portée ; leurs yeux bleus vireront au vert un peu plus tard.

LE BURMESE

Origine

Est-il né aux États-Unis d'un croisement fortuit entre un chat noir et une Siamoise ? On pense plutôt que le Burmese aurait pour ancêtre une jeune Chatte mi-siamoise, mi-malaise, appelée Wong-Mau, et ramenée de Rangoon par un Américain, le docteur Thompson, lequel fit subir à la malheureuse nombre d'unions incestueuses ! Passionné de génétique, ce médecin aurait finalement obtenu une portée de chatons à la robe d'une couleur brune uniforme, foncée et sans la moindre moucheture. Baptisé Burmese, ce chat connut rapidement la faveur du public américain. La race fut reconnue, outre-Atlantique, en 1930. Mais la guerre retarda son apparition en Europe, et ce ne fut qu'en 1947 qu'on exposa des Burmeses à Londres.
Dix ans plus tard, d'autres Burmeses furent présentés lors d'une exposition du Cat Club de Paris ; en cette occasion, un visiteur remarqua : « On dirait des zibelines ! », tant leur couleur ressemblait à celle du petit mustélidé sibérien. D'où cette autre appellation qu'on lui a attribuée : Chat zibeline. Aujourd'hui, le Burmese compte parmi les chats les plus recherchés.

Aspect général

On l'appelle aussi Chat de soie, tant son pelage est doux. Dans sa couleur originelle, le Burmese rappelle réellement la zibeline de par la qualité de sa fourrure, mais la comparaison s'arrête là. Il possède une élégance inimitable tant quand il est en mouvement que lorsqu'il prend la pose. Le jaune intense de son regard affirme un peu plus encore sa personnalité, très attachante.

Standard

Corps : svelte et d'une force étonnante, il est doté d'une musculature solide. Le cou est mince et long. Les jambes sont fines et assez grandes, les postérieures un peu plus hautes ; les pieds sont petits et ovales. Puissante, la poitrine est ronde, et le dos droit sur toute sa longueur. La queue est longue et effilée. Auparavant, on admettait une légère torsion à l'extrémité, mais il semble à cet égard, aujourd'hui, que les juges se montrent moins tolérants.
Tête : assez triangulaire et courte, elle présente un front bombé. Les oreilles, de taille moyenne, sont larges à la base et bien écartées sur le crâne. Les mâles ont souvent de fortes joues. Le nez est légèrement cassé à la base. Le menton, ferme, soutient une mâchoire solide. Quant aux yeux, grands et brillants, toutes les teintes du jaune sont autorisées... mais du jaune exclusivement ; le vert-jaune « grain de raisin », par exemple, n'est pas admis. La nuance jaune doré est la plus recherchée.
Robe : très courte, très fine et serrée, elle montre un poil brillant, doux au toucher. Chez le Burmese zibeline, le brun, uni et chaud, peut s'éclaircir quelque peu sur la poitrine et le ventre.
Couleurs : pour le Burmese zibeline comme pour les autres variétés, la couleur doit être unie, sans ombre ni rayure. Le dessous du corps est un peu plus clair que le dessus. Les chatons naissent fréquemment avec de légères raies, mais celles-ci disparaissent au cours de la croissance.

Échelle des points			
Tête	20	Couleur et texture de la robe	25
Yeux	25	*Total*	*100*
Corps et queue	30		

Caractère et comportement

Le Burmese est un animal très sociable, acceptant la présence d'autres chats, qui peut très bien s'entendre avec un chien, le cas échéant. D'un naturel gai, il aime jouer. Intelligent et affectueux, aimable envers les étrangers, il cherche à se mettre à son avantage dès qu'on l'observe. Les déplacements l'enchantent ; en auto, il s'installera de lui-même sur la plage arrière et regardera défiler le paysage sans la moindre appréhension. A la campagne, il se constitue un territoire dont il ne s'éloigne guère, ce chat n'étant pas d'un tempérament fugueur. Un seul reproche peut lui être adressé : son miaulement est loin d'être discret ! Le fait de vivre en appartement n'entame pas sa bonne humeur, mais le Burmese a besoin d'espace. On lui reconnaît la faculté de s'adapter à toute situation, surtout si son maître s'intéresse à lui, lui parle et le caresse.

Burmese lilas.

Entretien et alimentation

Bien que le Burmese appartienne à une race au poil court, la robe de ce chat réclame certains soins pour lui préserver la finesse soyeuse qui en fait toute sa beauté.

Après le brossage, qu'on effectue tous les deux jours, on lustre le poil à l'aide d'un chiffon laineux ou d'un gant légèrement humidifié.

L'examen hebdomadaire doit être particulièrement minutieux, d'autant que le Burmese n'a pas pour habitude de se plaindre.

Le Burmese est un chat robuste que l'on maintiendra en bonne santé si on lui propose des repas équilibrés à base de viande, de légumes et de riz. On ne lui offrira pas de lait, ou très peu. On lui donnera aussi des vitamines pendant la période de croissance.

Reproduction

La femelle Burmese est une excellente mère. Elle surveille et guide ses petits avec une attention de tous les instants. Si elle n'est pas prolifique, du moins a-t-elle des portées régulières, des petits sains et rapidement vigoureux.

L'exposition

S'il est ordinairement bien soigné et entretenu, le Burmese peut être présenté à l'exposition sans subir de toilettage particulier. La veille du concours, il sera soigneusement brossé et, le jour dit, avant de le remettre au juge, on lustrera son poil à l'aide d'un chiffon doux. Ce chat accepte généralement sans protester cette épreuve inhabituelle pour lui ; peut-être même, pour « influencer » favorablement son examinateur, fera-t-il entendre un ronron de satisfaction !

Burmese zibeline.

Variétés

On a multiplié, avec plus ou moins de bonheur, les variétés de Burmeses. Aux États-Unis, on n'admet que le Zibeline et, quelquefois, le Burmese possédant les couleurs de base ; on désigne les autres variétés sous le nom de Malayans (voir monographie correspondante), ce qui ne manque pas de créer une certaine confusion.

• Le Burmese bleu : la robe est gris argent, d'une tonalité moins prononcée que chez le Bleu Russe.
• Le Burmese chocolat : le pelage est plutôt de teinte « champagne » ; les marques sont assez apparentes. C'est un Malayan aux yeux des Américains.
• Le Burmese lilas : le ton de la robe est gris pâle avec un reflet rose. Aux États-Unis, cette variété correspond au Malayan platine.
• Le Burmese rouge : la fourrure est d'un orange chaud, sans la moindre marque tabby.
• Le Burmese crème : la robe est crème pastel tendre, sans aucune marque.
• Le Burmese écaille Seal : cette variété produit exclusivement des femelles. Les couleurs rouge et brun doivent être chaudes, très soutenues.
• Le Burmese écaille gris-bleu : les nuances sont gris-bleu pâle et crème, bien réparties sur le corps.
• Le Burmese écaille chocolat : le pelage est chocolat-au-lait mêlé de crème.

LE REX

Origine

Si l'on se réfère aux nombreuses variétés issues de ce chat, et dont le nombre va toujours croissant, on peut penser qu'il s'agit là d'une race de plus en plus populaire. La création du Rex est, cependant, relativement récente.
En 1933, en Saxe, une généticienne allemande, Mme Scheuer-Karpin, décida de s'intéresser à un chat dont la fourrure serait uniquement formée par son sous-poil. Après de nombreux croisements et plusieurs années de recherches, elle toucha enfin au but alors que la guerre éclatait.
Bien après cette période de tourmente, le professeur Étienne Létard, généticien français spécialiste du chat, apprit que cette dame possédait toujours des Rex et il obtint qu'elle lui en fît parvenir un couple.
Malheureusement, la femelle mourut au cours du voyage, long et particulièrement éprouvant. Quant au mâle, nommé Parco, le professeur Létard le récupéra en fort piteux état à son arrivée à Paris. Il parvint à sauver l'animal et le croisa avec une Burmese zibeline ; multipliant les expériences, il recueillit à son tour une portée complète de Rex : le Rex européen était né !
De leur côté, les éleveurs anglais s'étaient intéressés à ce chat sans poil. En 1950, une femelle mit au monde un chaton frisé dans une ferme de Cornouailles. Ce chat, nommé Kallibunker, allait faire souche et donner

le Rex Cornish. Dix ans plus tard, dans le Devon, un chaton baptisé Kirlee – qui aurait été découvert dans une mine abandonnée – fonda la lignée des Rex Devon. Ces deux dernières origines ont leur importance. En effet, les Rex Cornish et les Rex Devon sont très appréciés et font prime sur le marché.

Aspect général

Le Rex a été appelé Chat astrakan, car il naît couvert d'un duvet frisé assez semblable à celui de l'astrakan. Le sous-poil du chat, par la suite, devient ondulé.
L'absence d'une vraie fourrure le fait paraître plutôt maigrichon, mais il possède en réalité une bonne santé. L'allure générale du Rex est pour beaucoup fonction de la variété à laquelle il appartient.

Standard

Un standard différent a été établi pour chacune des trois variétés principales : Rex européen, Rex Cornish et Rex Devon.

Standard du Rex européen

Corps : de proportions moyennes, il est solide, musclé sans être gras. La poitrine est forte et arrondie. Les pattes sont fines, les pieds petits et ovales. La queue, longue et fine, est recouverte de poils.
Tête : large entre les oreilles, qui sont grandes et hautes. Un fin duvet couvre la face externe. Les yeux, bien ouverts et d'une couleur vive, sont en harmonie avec le corps.
Fourrure : le sous-poil, assez épais, est soyeux et ondulé. Toutes les couleurs sont admises.
Défauts : une robe hirsute ou insuffisamment ondulée, des plaques où la peau est à nu, une queue trop courte, une tête trop pointue, de petites oreilles, une trop faible musculature.

Standard du Rex Cornish

Corps : dur, solide et musclé tout en étant long et délié. Les pattes sont longues et droites, les pieds petits et ovales. La queue, longue, fine et pointue, est recouverte d'un « poil » ondulé.
Tête : un peu moins large que longue. Le crâne est plat et les joues minces. Le menton, fort, est doté de belles moustaches frisées. Les oreilles, grandes et haut plantées, s'arrondissent légèrement vers le sommet ; elles sont recouvertes d'un poil très fin. Les yeux, ovales et de grandeur moyenne, sont d'une couleur pure et très brillants.
Robe : courte, dense. En l'absence de vrais poils, le pelage présente un aspect pelucheux. Il est frisé, ondulé ou bouclé, surtout sur le dos et la

Rex Cornish bicolore.

queue. Les taches, s'il y en a, doivent apparaître de façon symétrique. Toutes les variétés de couleurs sont admises.
Défauts : une robe ébouriffée ou insuffisamment ondulée, des parties du corps à nu, une tête trop grosse ou trop longue, des oreilles trop petites, des muscles sans fermeté, une queue courte.

Échelle des points			
Tête	25	Queue	5
Yeux	5	Robe	50
Oreilles	10		
Corps	5	*Total*	*100*

Standard du Rex Devon

Corps : très ferme et bien musclé, il est élancé et de taille moyenne. La poitrine est large. Les pattes sont longues et fines, les postérieures un peu plus hautes. Les pieds sont petits et ovales. La nuque est longue et mince.

Tête : aux pommettes saillantes, elle présente un museau court, un menton ferme et des joues pleines. Les oreilles sont très grandes, les moustaches et les sourcils frisés. Les yeux, bien écartés, de forme ovale et placés en oblique, sont brillants, de couleur pure ; ils s'harmonisent avec la robe.
Robe : le pelage, très fin et ondulé, est sans poil de jarre ; très doux au toucher, il donne, comme celui des autres Rex, une grande impression de chaleur. Toutes les couleurs sont admises.
Défauts : une robe ébouriffée, des plaques chauves, une tête trop étroite, trop longue ou de type européen, des muscles trop mous, un corps ramassé, des oreilles trop petites, une queue courte trop touffue.

Échelle des points			
Tête	15	Queue	5
Yeux	5	Robe	40
Oreilles	10		
Corps	25	*Total*	*100*

Tête de Rex Devon.

Caractère et comportement

Quelle que soit la variété, le Rex se révèle être un animal calme, intelligent... et coquet. S'il supporte mal d'être pris sur les genoux, il aime qu'on reste très près de lui. Doux et aimable envers les enfants, il sort rarement ses griffes.
S'il dispose d'un peu d'espace, il saura montrer, à l'occasion, beaucoup de rapidité dans ses déplacements. Mais il préfère, de loin, aller son train. Le coin du feu ou tout lieu à proximité d'une source de chaleur constitue pour lui un endroit idéal – un sous-poil même épais ne remplaçant pas une fourrure bien répartie.
Chat casanier qui prend vite ses habitudes, le Rex s'adapte volontiers à la vie en appartement, même peu spacieux. Il s'attache à son maître mais aussi à la famille tout entière s'il se sent aimé et bien traité.

Entretien et alimentation

La toilette du Rex ne demande aucun soin particulier. Ce chat présente l'avantage de ne pas perdre de poils. Cependant, on le peignera une fois par semaine et on le tiendra en bonne forme par des massages manuels de la tête aux pieds.
Son alimentation doit être relativement riche en graisses et en calories afin de compenser une perte de chaleur due, précisément, à l'absence de poils. C'est pourquoi on pourra lui proposer quotidiennement un peu de gras de rognon de bœuf, en très petites quantités.

Reproduction

Pour obtenir des Rex de qualité, il faut obligatoirement unir des variétés possédant les mêmes caractéristiques ; un croisement, par exemple, entre un Rex européen et un Rex Devon, ou même entre un Cornish et un Devon, ne donnera pas de bons résultats. La femelle, qui s'avère être une mère réellement exceptionnelle, met bas trois à six petits par portée. Les chatons sont très précoces. Curieux et joueurs, ils s'intéressent à tout ce qui les entoure.

Variétés

Il est impossible de les dénombrer ni de les définir exactement : aux États-Unis seulement, il existe – et ce chiffre est probablement dépassé à ce jour – 86 types de Rex. Les couleurs, les marques, la longueur du sous-poil, les croisements avec des chats au poil normal..., autant de sujets d'intérêt pour certains éleveurs qui multiplient les expériences. Ainsi, avec le Siamois, on a obtenu toute une série de Si-Rex qui se différencient, naturellement, selon la couleur des marques.
Dans la grande majorité, ces variétés ne sont pas encore reconnues par les associations internationales.

LE CHAT DE L'ÎLE DE MAN (ou MANX)

Origine

Les Anglo-Saxons l'appellent Manx : « de l'île de Man », laquelle se situe en mer d'Irlande.
Cette appartenance insulaire est tout à la fois réelle et singulière, si l'on en croit les différentes versions que son origine a inspirées.
Si, en France – notamment en Anjou –, on a noté, dans le passé, l'existence de chats sans queue, des écrits anciens signalent bien la présence de chats anoures en Chine, en Malaisie et au Japon ; on pense que le Manx aurait été amené sur cette île britannique par des bateaux japonais. Suivant une autre version, il y serait venu après avoir échappé au naufrage d'un bateau de l'Invincible Armada.
L'absence de queue chez le Chat de l'île de Man a fait naître de nombreuses légendes. L'une d'entre elles affirme, par exemple, que, avant le Déluge, alors que Noé embarquait les animaux sur l'Arche, ce chat serait arrivé le dernier au moment où l'on refermait les portes d'accès ; il aurait sauté... mais sa queue, sectionnée par le lourd battant, aurait été engloutie par les flots !

Aspect général

Assis, le Manx a tout de l'Européen tigré. Mais dès qu'il se met en mouvement, il s'en distingue beaucoup. De taille moyenne, ce chat possède un corps vigoureux qui se termine par une croupe bien ronde dépourvue de queue. Lorsqu'il marche, ses pattes arrière nettement plus hautes l'obligent à se déhancher. Et si on le brusque un peu, il sautille alors à la manière d'un lapin.

Standard

Corps : solide et compact, il est bien musclé et se termine par une croupe arrondie. La poitrine est large. Les pattes sont musclées, les postérieures plus hautes. La queue doit être totalement absente.
Tête : large et ronde. Les joues sont bien développées et les oreilles, écartées, assez arrondies. Le nez est long, le cou solide. Les yeux sont ronds et brillants. Toutes les couleurs, en harmonie avec la fourrure, sont permises.
Robe : compacte, elle possède une bonne texture. Elle est douce au toucher, les poils restant légers et souples. Toutes les couleurs de robe et marques sont reconnues.

Échelle des points			
Tête	15	Absence de queue	25
Yeux	5	Robe	15
Forme du corps	25	Condition	5
Longueur du corps	10	*Total*	*100*

Caractère et comportement

Intelligent, d'un naturel aimable et gai, le Chat de l'île de Man accorde son amitié aux personnes qui se montrent bienveillantes à son égard. Bien que, par le passé, il ait longtemps vécu dans une totale indépendance, le Manx se révèle être aujourd'hui un chat de compagnie et même d'appartement. Il se montre casanier et ne se hasarde dans un jardin qu'avec beaucoup de circonspection.

Entretien et alimentation

La fourrure du Manx, pour qu'elle conserve sa douceur, doit être brossée tous les deux ou trois jours, délicatement.
On lui proposera une alimentation variée, en veillant aux quantités car ce chat présente une tendance à l'obésité.

Chat de l'île de Man.

Reproduction

La reproduction du Manx n'est guère aisée. En effet, un couple de race pure peut très bien donner naissance à des petits ayant un appendice caudal normal. En outre, des unions entre Manx trop souvent répétées sont parfois à l'origine de malformations.
On recommandera de préférence un mariage entre Manx et Européen. Les portées, restreintes, comptent généralement trois ou quatre petits... dont, quelquefois, un mort-né.

Variétés

Alors qu'en Europe on reconnaît, ici ou là, le Manx Rumpy (sans queue) et le Manx Stumpy (doté d'un moignon de queue), les Américains identifient, outre celles-ci, trois autres variétés : le Riser (possédant quelques vertèbres caudales), le Longy (pourvu d'une courte queue) et le Tailed (avec une queue normale).

LE TONKINOIS

Origine

Le Tonkinois a connu une certaine vogue puis, au fil des années, on l'a quelque peu oublié. Aujourd'hui, des éleveurs, en Suisse notamment, souhaitent le faire connaître à nouveau, considérant que ce chat, né de croisements entre Siamois et Burmeses, possède les qualités de ses deux ascendants, ce qui le rend doublement attachant.
Toutefois, malgré leurs efforts louables, le Tonkinois apparaît encore rarement dans les expositions, si ce n'est en Suisse et, parfois, en Allemagne fédérale.

Aspect général

Le Tonkinois constitue un intermédiaire entre le type robuste du Burmese et le type plus svelte du Siamois. Il porte les marques caractéristiques de l'un, qui se fondent dans la robe de l'autre.

Standard

Corps : de longueur moyenne, il est bien musclé. Les pattes arrière sont légèrement plus hautes. Les mâles sont plus grands que les femelles. La queue, longue, va en s'effilant.

Tête : triangulaire, avec des oreilles écartées, un museau carré et non pointu. Le nez présente un léger stop. Les yeux, en amande, sont de couleur bleu-vert.
Robe : douce, elle est brillante et près du corps.
Couleurs : vison naturel (Natural Mink), robe brun chaud ; vison miel (Honey Mink), pelage brun-roux chaud ; vison bleu (Blue Mink), robe bleu-gris ; vison champagne (Champagne Mink), pelage beige ; vison platine (Platinum Mink), robe argent.

Caractère et comportement

Le Tonkinois se montre curieux de tout et il aime la compagnie. Il témoigne beaucoup d'affection à son maître. C'est un chat qui a besoin d'espace.

Entretien et alimentation

On brossera sa robe de temps à autre. Une alimentation variée et équilibrée suffira à le conserver en bonne santé.

LE BOBTAIL JAPONAIS

Origine

La race est connue depuis des siècles au Japon ; mais les premiers chats de ce type furent, sans doute, importés de Chine. A l'origine, ils arboraient une couleur unique : noire, blanche ou rousse ; des croisements répétés donnèrent par la suite le Bobtail tricolore, particulièrement recherché aujourd'hui.
Nommé « Mi-Ke », ce chat très populaire au Japon figure dans de nombreuses œuvres d'artistes et a inspiré nombre de croyances ou de légendes. Pour les marins, il était le Mike-Nako, protecteur des navires. En grimpant aux mâts, il mettait en fuite les âmes errantes des naufragés qui, sinon, pouvaient entraîner les bateaux au fond des mers. Le Mi-Ke porte-bonheur faisait pièce aux chats maléfiques tels que le croquemitaine Neko-Bake ou le chat à double queue Neko-Mata de la saga nippone.
Le Bobtail (mot qui signifie queue courte en anglais) est aussi appelé Chat chrysanthème : sa queue, réduite à un moignon, s'ouvre en prenant l'aspect de cette fleur... typiquement japonaise !
Ce fut après la Seconde Guerre mondiale – et l'occupation américaine au Japon – que le Bobtail gagna les États-Unis, où il est aujourd'hui fort

apprécié. Cependant, s'il existe toujours au Japon sous ses aspects unicolores, il n'est guère connu, hors de ses frontières, que sous sa robe tricolore.
Le Mi-Ke, s'il remporte un franc succès aux États-Unis, est encore peu répandu en Europe.

Aspect général

Le Bobtail ressemble à l'Européen mais présente deux particularités : son petit bout de queue à la forme de pompon, et son arrière-train qu'il fléchit dans une pose caractéristique.

Standard

Corps : de taille moyenne, il est long, souple et plus musclé qu'en apparence. Les pattes sont longues et fines, les postérieures, qu'il tient fléchies, un peu plus hautes. Les pieds sont ovales. La queue, véritable appendice floral, est tout à fait unique chez les chats. Elle ne mesure que 4 ou 5 cm en position normale mais elle double de longueur lorsqu'elle se déroule. Le Bobtail la porte repliée à la verticale par rapport au corps. Les poils qui la recouvrent sont plus longs et un peu plus rigides que ceux de la fourrure.
Tête : elle forme un triangle équilatéral avec un museau arrondi et des oreilles larges et droites. Les pommettes sont saillantes. Le nez est long

Bobtail japonais.

et le stop imperceptible. Les yeux, très brillants, souvent lumineux, sont de forme ovale et bridés. Leur couleur doit s'harmoniser avec celles de la robe. Le vert et le jaune-vert sont recherchés.
Robe : le poil est de longueur moyenne, à la fois dense et doux, mais très solide. Le sous-poil est presque absent. Le Bobtail ne perd pas de poils sauf, parfois, à l'occasion d'une mue de courte durée.
Couleurs : même au Japon, le Bobtail le plus recherché est le Mi-Ke, à la robe tricolore : noir, roux et blanc. Sur sa terre natale, il est toujours considéré comme un animal porte-bonheur. La répartition des taches chez les Bobtails tricolores ou bicolores a une très grande importance, leur signification variant selon leur arrangement.
Bien qu'il n'existe pas de « patron » rigide définissant la position et la grandeur des taches, on marque une préférence pour les chats dont le fond blanc de la robe est très étendu. Les taches rousses présentent souvent un dessin tabby.

Échelle des points			
Tête	20	Couleurs et marques	20
Type	30	Robe	10
Queue	20	*Total*	*100*

Caractère et comportement

Le Bobtail japonais possède une très forte personnalité. Il se singularise notamment par ses miaulements, qu'il sait moduler en fonction des circonstances et seulement quand il désire se faire entendre. Calme, affectueux et serein, il recherche la compagnie de l'homme, mais il garde aussi un très fort instinct de clan. Les autres animaux familiers, les chats eux-mêmes, lui sont indifférents, sauf s'ils appartiennent à sa propre race.
Très vivant, il se montre curieux de tout. Sportif, il adore grimper aux arbres. Il accepte l'amitié des étrangers après un temps d'observation. Ce chat s'adapte volontiers à la vie en appartement quoique, comme beaucoup d'autres chats, il préfère le grand air.

Entretien et alimentation

Un brossage quotidien, mais léger, suffira à entretenir sa robe. Le Bobtail est un chat robuste et bien portant.
Il aime le poisson ; on pourra lui en proposer deux fois par semaine en remplacement de la viande. Sans être vraiment vorace, il témoigne d'un bon appétit ; aussi convient-il de ne pas lui donner des rations trop importantes.

Reproduction

La reproduction ne pose guère de problèmes si l'on est en présence de Bobtails unicolores. En revanche, dans la très grande majorité des cas, les Bobtails Mi-Ke ne produisent que des femelles. Il faut donc marier celles-ci à des mâles dont la robe présente au moins une des trois couleurs de base. La femelle est une excellente mère et s'occupe longtemps de ses petits.

L'exposition

Du fait de leur rareté en Europe, on ne présente guère de Bobtails lors des expositions.
Si l'on a la chance de posséder un chat appartenant à cette race et que l'on souhaite le voir figurer, on pourra, quelques jours auparavant, lui faire prendre un bain tiède et de courte durée. Puis on entretiendra sa robe quotidiennement par un léger brossage.

LE SPHINX (ou CHAT NU)

Origine

Présenté comme une toute dernière nouveauté, le Sphinx a été l'événement d'un certain nombre d'expositions.
Objet de curiosité plus que d'admiration, ce chat n'est pourtant ni original ni de création récente ; il y eut de tout temps des chats nus au sein des portées, mais ils ne firent jamais souche car on les éliminait ; excepté, peut-être, chez les Aztèques qui les vénéraient et qui en firent l'élevage.
Les premiers Sphinx exposés en 1935 étaient issus des recherches menées par le professeur Étienne Létard : à partir du croisement d'un chat nu et de sa mère, il obtint une femelle nue qui, accouplée avec son père, donna une portée de Sphinx. La Seconde Guerre mondiale anéantit, malheureusement, cette lignée.
Les Sphinx que l'on connaît actuellement descendent d'un élevage canadien. Dans l'Ontario, en 1966, naissait le premier de la race fixée. Ses descendants occupent, depuis, la vitrine de bien des expositions !

Aspect général

La robe nue du Sphinx, jugée par beaucoup comme une anomalie, appelle tous les commentaires et tous les qualificatifs ; on se gardera bien d'exprimer ici un avis sur la beauté de ce chat.

Standard

Corps : mince, haut sur pattes, lesquelles sont fines. Sa musculature est légère et le cou se détache nettement. La queue, longue et fine, est bien attachée au corps.

Tête : elle forme un triangle accentué par la grandeur des oreilles. Le nez est court avec un stop net. Les vibrisses sont absentes ou peu abondantes. Les yeux peuvent être verts, noisette ou dorés, mais d'autres couleurs sont parfois admises.

Robe : le poil, absent sur le corps, peut apparaître, très court, sur la face, les oreilles, la queue et l'échine. La peau, agréable au toucher, ne doit pas être trop ridée.

Couleurs : on admet toutes les couleurs. Celles actuellement présentées sont : le noir, le blanc, le noir et blanc, le bleu et blanc, le tabby et blanc.

Caractère et comportement

Le Sphinx est un animal doux, sociable et affectueux. Il s'attache à ceux qui s'occupent de lui avec gentillesse. Il ne se montre jamais brutal. Le Sphinx peut fuir la présence d'étrangers.

L'absence de fourrure rend ce chat sensible au froid. Il restera de préférence à l'intérieur de la maison ou de l'appartement, au sein d'une chaleur bien tempérée. Il faut lui éviter toute variation brutale de température.

Sphinx.

Entretien et alimentation

Si l'entretien du Sphinx ne pose aucun problème, ce chat, même bien soigné, se révèle de santé assez fragile et sa longévité demeure incertaine.
La toilette consiste, chaque matin, à passer sur sa robe un linge doux et sec. Sa nourriture peut être variée ; on lui offrira de la viande et des légumes en quantités bien proportionnées.

L'AMERICAN SHORT-HAIR

Origine

L'American Short-Hair, descendant des Chats européens qui furent amenés au Nouveau Monde par les immigrants, attendit trois siècles avant d'être reconnu officiellement, en 1904, en tant que race à part entière. Ce chat, de sélection en sélection, s'est modifié et a acquis sa propre personnalité sans perdre, néanmoins, le caractère général de son frère européen.

Aspect général

L'American Short-Hair, ou Américain à poil court, ressemble beaucoup à son ancêtre mais possède un corps plus trapu. Tout comme chez l'Européen, il existe un grand nombre de variétés au sein de cette race et une multitude de couleurs.
Cette concurrence, cette rivalité – involontaires – entre le Short-Hair et l'Européen freinent, d'ailleurs, l'implantation du premier sur le Vieux Continent.

Standard

Corps : assez trapu, il est solide et musclé, bien posé sur des pattes robustes. Le cou est fort et la poitrine large. La queue, de taille moyenne, est bien fournie.
Tête : relativement développée, elle est assez large, avec des oreilles arrondies au sommet. La couleur des yeux doit être en harmonie avec celle de la robe.
Robe : le poil, court, est fourni et épais ; il couvre tout le corps, qu'il protège des intempéries.
Couleurs : parmi les très nombreuses couleurs admises, citons celles-ci : blanc, noir, bleu-gris, roux, crème, chinchilla, shaded, golden, cameo, black-smoke, cameo-smoke, tabby.

American Short-Hair.

Échelle des points			
Tête	30	Fourrure	15
Yeux	10	Couleur	20
Type	25	*Total*	*100*

Caractère et comportement

L'American Short-Hair possède les mêmes qualités d'intelligence, d'amabilité et d'indépendance que l'Européen. Ce chat vit très bien dans l'intimité de l'homme mais il apprécie aussi le grand air... et la liberté.

Entretien et alimentation

Chat robuste, il résiste bien à toutes les maladies courantes. Son entretien et son alimentation ne posent aucun problème particulier.

L'AMERICAN WIRE-HAIR

Origine

Au Canada, en Grande-Bretagne et en Allemagne, des chats à poil dur sont apparus, résultats isolés d'une mutation spontanée. Mais, c'est en 1966, dans l'État de New York, que prit naissance la lignée de Wire-Hair que nous connaissons. Un éleveur découvrit au sein d'une portée deux chatons au poil bouclé. Si l'un disparut, on put croiser l'autre, devenu adulte, avec une femelle au poil presque semblable ; et l'on obtint ainsi une portée ne comprenant que des Wire-Hair.

American Wire-Hair.

Aspect général

Ce chat rappelle un peu le Rex à une différence près : c'est son poil, et non son sous-poil, qui est frisé. Vue de très près, sa fourrure donne l'impression d'avoir été travaillée au fer à friser. Divers croisements ont permis d'obtenir des robes de couleurs différentes.

Standard

Corps : de taille moyenne, il est trapu et musclé. Les jambes sont solides et les pieds forts. Les femelles sont nettement plus petites que les mâles. La queue, assez longue, va en s'effilant.

Tête : ronde avec des joues pleines. Le nez est légèrement saillant. Les oreilles sont petites. Les yeux, très lumineux, sont écartés et en harmonie avec la couleur de la robe.
Robe : le poil est bouclé, de longueur moyenne, plus rêche sur la tête, le dos et les flancs.
Couleurs : la plupart des couleurs admises pour le Short-Hair le sont aussi pour le Wire-Hair.

Échelle des points			
Tête	25	Couleur de la robe et des yeux	10
Type	20	*Total*	*100*
Fourrure	45		

Caractère et comportement

C'est un chat sympathique, qui s'intéresse à tout et sait se faire respecter des autres animaux familiers. Il s'attache à son maître mais se plaît en toute bonne compagnie. Le Wire-Hair s'adapte très bien à la vie en appartement.

Entretien et alimentation

Le brossage et le peignage, fréquents, seront effectués avec beaucoup de douceur afin que le poil du Wire-Hair reste bouclé et ne devienne pas ondulé. Quant à son alimentation, on veillera simplement à lui proposer des menus variés.

LE BRITISH BLUE

Origine

C'est parce qu'il ressemble au Chartreux qu'on a souhaité distinguer le British blue des autres British Short-Hair. Cette ressemblance avec son congénère français est telle et les hybridations de part et d'autre de la Manche furent si nombreuses que la Fédération internationale féline décida, en 1970, d'assimiler Chartreux et British Blue. Mais les éleveurs protestèrent avec une telle vigueur que, en 1977, la même FIFe revint sur sa décision et opta pour la séparation définitive de ces deux types de chats bleus.

On peut signaler, à ce propos, que les éleveurs américains n'acceptèrent pas la première résolution de la FIFe. Entre 1970 et 1977, ils continuèrent d'importer des Chartreux non hybridés de British Blue, contribuant ainsi à perpétuer la race des Chartreux.

Aspect général

Le British Blue a l'aspect du Chartreux, mais on constate que ce chat est moins massif, que sa tête est moins arrondie, sa robe moins laineuse et sa queue plus courte. En outre, il se montre moins calme de tempérament.

Standard

Identique à celui du British Short-Hair. Seule la couleur est originale ; elle doit être uniformément bleu-gris.

Caractère et comportement

Indépendant de nature, le British Blue est intelligent, sociable, attaché à son maître.
Tout comme le Gouttière, ce chat préfère les grands espaces, l'air libre, les toits ou les jardins. Mais il s'adapte très bien à la vie en appartement.

British Blue.

Entretien et alimentation

Le British Blue, chat vigoureux, ne réclame pas de soins particuliers. Un brossage tous les trois ou quatre jours et un examen hebdomadaire complet suffiront. De même, son alimentation ne pose pas de problèmes et ne diffère en rien de celle proposée à la plupart des autres races.

LE BRITISH SHORT-HAIR

Origine

Ce chat, dont l'arrivée en Grande-Bretagne se perd dans la nuit des temps, est le digne pendant de l'Européen. D'ailleurs, les Britanniques ne le distinguent pas de son frère continental. L'apparition de nombreuses races et la multiplicité des variétés produites par les généticiens ont sans doute nui à son expansion, mais le British Short-Hair connaît, aujourd'hui, un regain de faveur.

Aspect général

Le British Short-Hair, d'emblée, donne l'impression d'un chat solide, à l'allure franche et décidée. Il semble réellement ne rien craindre.

British Short-Hair.

Standard

Corps : massif et bien proportionné, il est solidement charpenté. La poitrine est large. Les pattes sont courtes mais robustes. La queue, courte et épaisse, est en proportion du corps.
Tête : ronde, bien pleine et accrochée à un cou épais, elle porte un nez droit et large, très légèrement cassé. Les oreilles sont écartées, et les yeux, grands, bien ouverts, offrent à l'observateur un regard tranquille.
Robe : le poil est court et dense.
Couleurs : aussi nombreuses que celles de l'Européen. Il existe, de plus, un British Tipped au sous-poil blanc et au poil tiqueté.

Échelle des points			
Tête	30	Dessin et couleur	25
Yeux	10	Condition	5
Type	20		
Texture du poil	10	*Total*	*100*

Caractère et comportement

Ce chat aimable et intelligent se montre très sociable. Il aime jouer avec les enfants ou en compagnie d'autres chats, voire de chiens. Il sait rendre l'affection qu'on lui porte.
Le British Short-Hair apprécie la vie en plein air et la liberté. Mais il prend également plaisir à rester à la maison avec son maître et toute la famille.

Entretien et alimentation

Chat robuste, il ne craint pas le froid. Un brossage de temps à autre, un bain – rarement – s'il rentre crotté d'une escapade suffisent à le tenir en bonne forme.
Son alimentation est des plus faciles : c'est un « mange-tout » ! Cependant, on exclura les féculents de sa nourriture.

LE COLOURPOINT SHORT-HAIR

Origine

A partir de croisements entre Siamois et diverses autres races à poil court, notamment des Abyssins, on a obtenu un type où les caractéristiques des uns et des autres apparaissent plus ou moins nettement : le

Colourpoint Short-Hair.

Colourpoint Short-Hair. Son ascendance siamoise est toutefois bien marquée. Ce chat n'est pas encore répandu en Europe, excepté en Grande-Bretagne.

Aspect général

Le Colourpoint Short-Hair est moins « affiné » que le Siamois tel qu'on le connaît aujourd'hui ; les marques caractéristiques se fondent dans une fourrure moins unie qu'elle ne le paraît à première vue. C'est un chat qui ne manque pas d'allure.

Standard

Corps : assez long, il donne une impression de souplesse. Les pattes sont longues, les postérieures légèrement plus hautes. La queue, assez longue, est droite et son extrémité nette.
Tête : longue et fine, elle est triangulaire avec un menton bien dessiné. Les yeux, grands et plutôt en amande, ont un éclat brillant ; leur couleur s'harmonise à celle de la robe.
Robe : le poil, serré, est fin et lustré.
Couleurs : citons les principales variétés connues : Red-Point, Cream-Point, Seal-Lynx-Point, Chocolate-Lynx-Point, Blue-Lynx-Point, Lilac-Lynx-Point, Red-Lynx-Point, Seal-Tortie-Point, Chocolate-Cream-Point, Blue-Cream-Point, Lilac-Cream-Point.

Échelle des points			
Tête	20	Fourrure	10
Yeux	10	Couleur	30
Corps	30	*Total*	*100*

Caractère et comportement

Ce chat possède toutes les qualités du Siamois, mais il montre sans doute un peu moins de réserve. Intelligent et affectueux, il aime beaucoup son maître. La mère, très attachée à ses petits, leur accorde une attention constante. Le Colourpoint Short-Hair s'adapte très bien à la vie en appartement mais il aime aussi se détendre en extérieur.

Entretien et alimentation

Un brossage tous les trois ou quatre jours suffira pour entretenir sa robe. Il se satisfera par ailleurs d'une nourriture variée.

L'EXOTIC SHORT-HAIR

Origine

Né de croisements entre Persans et American Short-Hair, vers 1960, ce chat américain n'a été homologué qu'en 1984 ; cette nouveauté a immédiatement conquis les États-Unis et s'est rapidement répandue en Suisse, en Allemagne, aux Pays-Bas. Cependant, l'Exotic Short-Hair reste peu connu en Grande-Bretagne et encore moins en France.

Aspect général

Ce chat ressemble à un Persan qui posséderait un poil mi-long, presque court. Ses yeux, grands et écartés, lui donnent un regard à la fois doux et expressif. L'aspect général de l'Exotic Short-Hair, d'une variété à l'autre, n'est pas rigoureusement constant.

Exotic Short-Hair.

Standard

Corps : solide et trapu, il reste toutefois élégant. Les jambes sont robustes. La queue, courte et proportionnée à la longueur du corps, est bien droite. Les oreilles, bien plantées, s'écartent légèrement en oblique ; leur pointe est arrondie. Le nez présente un léger stop. Les yeux, ronds et brillants, sont assez écartés ; leur couleur s'harmonise avec celle de la robe.
Robe : le poil est à peine mi-long, dense ; doux au toucher, presque soyeux, il semble être élastique.
Couleurs : à l'exception du Golden et de quelques variétés plus rares, les couleurs autorisées pour l'Exotic Short-Hair sont celles admises pour le Persan.

Échelle des points			
Tête	30	Fourrure	30
Yeux	15	Condition	5
Type	20	*Total*	*100*

Caractère et comportement

L'Exotic Short-Hair est un animal doux, affectueux et sociable. Il se montre toujours gentil... sauf à l'égard des souris !
Plutôt casanier, c'est essentiellement un chat d'appartement.

Entretien et alimentation

Un brossage de temps à autre, une nourriture variée et alternée, en quantités bien dosées, contribueront au bonheur de cet animal robuste et sain.

Reproduction

Les portées comprennent trois ou quatre chatons qui naissent avec un pelage plus foncé que celui de leurs parents. Le chat révèle toute sa beauté à l'âge adulte.

LE CHAT DE BOMBAY

Origine

Baptisé Chat de Bombay en raison de sa ressemblance, en miniature, avec la panthère noire de l'Inde, cet animal né d'un croisement entre un Burmese marron et un American Short-Hair noir est très rare. Il doit à son étonnante personnalité d'être signalé.

Aspect général

Ses attitudes, sa souplesse, sa vivacité accentuent la ressemblance du Chat de Bombay avec la panthère noire. Mais là s'arrête bien entendu la comparaison, le comportement du Bombay étant bel et bien celui d'un chat.

Chat de Bombay.

Standard

Corps : il est souple et allongé. La queue, élégante, est de longueur moyenne.
Tête : elle s'inscrit dans un triangle « lâche ». Les oreilles sont droites. Les yeux, ronds, sont jaunes à orange.
Robe : le poil, court, serré, est noir et lustré.

Caractère et comportement

Le Bombay est un excellent chat d'appartement, très intelligent et affectueux. Il possède une voix douce et n'aime guère le bruit.
Il apprécie la quiétude d'un intérieur, surtout s'il reste en compagnie de son maître. Il se montre sociable face à d'autres animaux et même envers ses congénères.

Entretien et alimentation

Ce chat ne réclame pas de soins particuliers.
Peu actif, le Bombay montre un appétit modéré. Il apprécie toutefois les repas copieux en viande.

Reproduction

Les chatons, contrairement à leurs parents, ont un gros appétit. Ils naissent avec une robe de couleur plus claire, qui deviendra noire au cours de la croissance.

LE MALAYAN

Origine

L'homologation de ce chat, en 1880 aux États-Unis, sous l'appellation de « Malayan » est restée une affaire strictement américaine. Sa ressemblance avec le Burmese est telle, en effet, qu'en Europe on ne le distingue pas de ce dernier.

Aspect général

Le Malayan s'apparente au Burmese et ne se distingue du Chat zibeline que par ses couleurs. Pour quelques-unes d'entre elles, d'ailleurs, la différence par rapport à certaines variétés du Burmese ne tient qu'à leur appellation.
Sa robe présente une teinte unie. Son corps peut paraître légèrement plus « enveloppé » que celui du Burmese, ce qui, au demeurant, ne nuit ni à sa grâce ni à sa beauté.

Standard

Corps : bien proportionné, il est musclé sans excès et porté par de longues jambes. La poitrine est large, et le cou long. La queue, droite, est moyennement longue.
Tête : légèrement arrondie, elle présente un stop bien visible de profil. Le menton est ferme et la mâchoire bonne. Les yeux, ronds et assez écartés, doivent être jaunes.
Robe : le poil est fin, court et soyeux.
Couleurs : la teinte doit être unie : champagne (beige chaud), bleue (gris nuancé de sable), platinum (argent pâle nuancé de sable).

Caractère et comportement

Le Malayan possède le même caractère que le Burmese : aimable, affectueux, curieux. Il s'attache particulièrement à son maître mais ne refuse pas les attentions d'autres personnes. Son miaulement ne manque pas de sonorité !
Ce chat sera plus heureux s'il dispose d'un vaste logement. Il n'aime pas le bruit, mais apprécie les voyages.

Entretien et alimentation

Sa fourrure, comme celle du Burmese, doit être l'objet de soins attentifs qui la garderont propre, brillante et lustrée. Cet animal sain et solide recevra une nourriture équilibrée et alternée. Sa croissance, lente, sera aidée par l'apport de vitamines.

L'OCICAT

Origine

Un éleveur américain obtint, en croisant une Chatte abyssin lièvre, mâtinée de Siamois, avec un Siamois Chocolate-Point, un chaton à l'aspect d'ocelot. La portée issue de l'union de ce dernier et d'une chatte au pelage rayé fut unie par la suite à des American Short-Hair. La race était ainsi fixée et prenait le nom d'Ocicat ; celle-ci n'est pas encore reconnue par les associations félines.

Aspect général

L'aspect de l'Ocicat n'est pas sans rappeler celui de l'ocelot et, surtout, celui du Chat sauvage d'Amérique du Sud, le Margay. C'est un beau chat à la robe tachetée, qui se rapproche aussi du Mau Égyptien bien qu'il ne porte pas sur le front la marque du scarabée sacré. Cet animal imposant peut peser de 5 à 7 kg.

Standard

Corps : musclé et solide, sans être massif, il repose sur de longues pattes. La queue, longue, va en s'effilant.
Tête : triangulaire, elle est bien proportionnée. Le museau est fin, et les oreilles, longues, sont pointues. Les yeux, vifs et bien ouverts, présentent une couleur jaune doré.
Robe : le poil, brillant, est court et serré. Les taches, marron foncé sur un fond crème, sont réparties sur tout le corps.

Caractère et comportement

Chat particulièrement sociable, aimant son maître, l'Ocicat affiche toutefois une certaine réserve envers les étrangers. Il fait comprendre qu'on le néglige en boudant.
Un grand appartement doté, si possible, d'une terrasse lui conviendra, car ce chat a besoin d'espace.

Entretien et alimentation

L'Ocicat, animal solide, ne demande pas de soins particuliers. Sa toilette se résumera à un brossage effectué tous les deux jours.
Sa nourriture, bien équilibrée, doit comprendre, en alternance, des produits frais et des conserves, de la viande et du poisson. Il est préférable de l'habituer assez jeune aux légumes frais et au riz, qu'il accepte dès lors facilement.

LE SINGAPOUR

Origine

Chat des rues de Singapour, surnommé « Chat des égouts », car il recherchait sa nourriture dans les immondices de la grande ville, cet animal, adopté par quelques habitants, se révéla être un compagnon affectueux, fidèle... et propre. Les Américains le remarquèrent, et le Singapour fit ainsi son entrée aux États-Unis, il y a quelques années.

Aspect général

Ce chat de petite taille rappelle quelque peu l'Abyssin ; comme lui, il possède un poil tiqueté de brun, mais sa tête est plus ronde et son corps plus ramassé.

Singapour.

Standard

Sa rareté même lui vaut actuellement un standard assez flou.

Corps : petit mais bien proportionné, porté par des jambes musclées. La queue, de longueur moyenne, ne présente pas de nœud.
Tête : ronde, avec de grandes oreilles et un menton ferme. Les yeux, grands et ouverts, sont légèrement bridés et généralement jaunes.
Robe : le poil est court et soyeux.
Couleurs : aux États-Unis, on ne connaît que le Singapour à la robe ivoire tiquetée de brun ; mais à Singapour on peut rencontrer des chats arborant d'autres couleurs.

Caractère et comportement

Si son entourage se montre aimable et attentionné, le Singapour se révèle être un chat tranquille, affectueux et sociable. Il appréciera particulièrement un maître calme et prévenant.
Bien qu'à l'origine ce chat ait surtout fréquenté les espaces libres, il s'adapte très bien à la vie en appartement.

Entretien et alimentation

On brossera son poil deux fois par semaine et on le lustrera à l'aide d'une pièce de laine. Comme on peut s'y attendre, ce « Chat des égouts » n'est pas difficile et apprécie toute nourriture ; toutefois, une alimentation surveillée et bien dosée lui sera profitable.

Reproduction

La femelle Singapour met bas, à chaque portée, trois ou quatre chatons, dont elle s'occupe bien, tandis que le père ne semble pas vouer à sa progéniture une affection démesurée.

LE SCOTTISH FOLD

Origine

Au XIXe siècle, un marin anglais aurait ramené de la province chinoise de Pet-Chi-Li un chat aux oreilles repliées. Malheureusement, aucune trace de cette race ne subsiste aujourd'hui dans cette région.
Le Scottish Fold tel qu'on le connaît aujourd'hui est né fortuitement dans une ferme écossaise, en 1961. Il s'agissait d'une chatte, nommée Susie, issue d'une portée d'Européens, qui donna à son tour deux chatons ayant également les oreilles repliées. Intéressés, des éleveurs cherchèrent et parvinrent à fixer la race. Ce chat singulier ne fit son apparition en France que très récemment, en 1982, alors qu'aux États-Unis il est très apprécié et officiellement reconnu.

Aspect général

Le Scottish Fold a la même morphologie que l'Européen, dont il se distingue, bien entendu, par ses oreilles repliées vers l'intérieur (dans certains cas, pendantes). Sa tête n'en paraît que plus large et ronde.

Standard

Corps : court et assez « rebondi ». Les jambes sont moyennes et solides, et les pieds ronds. La queue, de longueur moyenne, est bien proportionnée au corps.

Scottish Fold.

Tête : large et ronde, avec un nez moyen et un menton ferme. Les oreilles, qui font l'originalité du Scottish Fold, doivent être petites, bien pliées, et donner l'impression que le chat porte une casquette ; leur extrémité est arrondie. Les yeux, assez séparés, ronds et larges, offrent un regard particulièrement doux. Leur couleur doit s'harmoniser avec celle de la robe.
Robe : courte et dense. Le poil du Scottish Fold, doux au toucher, semble élastique.
Couleurs : elles sont pratiquement aussi nombreuses que celles connues chez l'American Short-Hair.

Échelle des points			
Tête	15	Corps et queue	30
Oreilles	30	Couleur	10
Yeux	15	*Total*	*100*

Caractère et comportement

Le Scottish Fold apprécie le calme. Sociable et affectueux, il aime la compagnie. Ce chat reste très attaché à son maître.
Il se plaît dans un intérieur, mais se montre assez fugueur en certaines occasions.

Entretien et alimentation

C'est un animal très sain et peu sujet aux maladies ; il serait prédisposé, toutefois, aux troubles auditifs et cérébro-spinaux. Sa robe exige peu d'entretien ; un brossage une fois par semaine est suffisant. On lui proposera une nourriture variée et équilibrée.

Reproduction

La femelle donne naissance à trois ou quatre petits par portée. Les chatons naissent avec les oreilles bien droites ; elles ne se replieront qu'au terme de la quatrième semaine.

Variétés

Elles se distinguent en fonction des couleurs, qui sont pratiquement illimitées.

- Le Scottish blanc : la truffe et les coussinets sont roses, les yeux bleus ou doré brillant.
- Le Scottish noir : la truffe est noire ; les coussinets sont noirs ou marron et les yeux doré brillant.
- Le Scottish bleu : la truffe et les coussinets sont bleus, les yeux doré brillant.
- Le Scottish roux : la truffe est rouge brique ainsi que les coussinets ; les yeux sont doré brillant.
- La Cat Fancier's Association reconnaît aussi beaucoup d'autres variétés : Crème, Chinchilla, Bicolore, Smoke, Tabby, Cameo, Écaille de tortue, etc.

Tête de Scottish Fold.

LES CHATS À POIL MI-LONG

LE CHAT SACRÉ DE BIRMANIE (ou BIRMAN)

Origine

L'origine de ce chat et le nom qu'il porte font référence à une très belle légende, que nous pouvons évoquer ici dans ses grandes lignes.
Il y a de cela fort longtemps, bien avant la naissance de Gautama, le futur Bouddha, des prêtres vivaient au Cambodge. Ces « kittahs » étaient voués au culte du grand dieu Song-Ho, mais ils vénéraient particulièrement Tsun-Kyan-Tsé, la déesse aux yeux de saphir. Et le plus ancien d'entre eux, Mun-Ha, vieux moine à la barbe blanche, passait ses dernières années en méditation devant la statue de la déesse.
Dans le monastère des kittahs vivaient également cent chats sacrés. Les prêtres croyaient que lorsque l'un d'eux mourait son âme passait dans le corps d'un de ces chats avant de renaître dans une enveloppe humaine. Aussi se hâtaient-ils, quand un petit félin disparaissait, de remplacer celui-ci pour que soit rétabli le nombre de cent.
D'autres religieux, les brahmanes, se montraient jaloux de la réputation de sainteté des kittahs. Or, sous le prétexte que ces moines adoraient un

Chats sacrés de Birmanie Seal-Point.

animal, ils les attaquèrent par surprise et les massacrèrent. Seuls quelques fidèles de Song-Ho, dont Mun-Ha, réchappèrent et se réfugièrent, avec les chats survivants, dans les montagnes de Birmanie, où ils construisirent le temple souterrain de Lao-Tsun.

Désespéré d'avoir perdu tant de ses compagnons, Mun-Ha déclara à ses frères : « Laissez-moi seul et sans nourriture, en prières devant la statue de Tsun-Kyan-Tsé. J'attendrai la mort en la seule compagnie de mon chat Sinh ».

Mais les brahmanes, ayant retrouvé la trace de leurs ennemis, envoyèrent contre eux les soldats d'une féroce tribu thaïe. La nuit était tombée lorsque les assaillants envahirent le monastère. Effrayés, tremblant de peur, les kittahs refluèrent jusqu'au sanctuaire où se trouvait Mun-Ha. Celui-ci, affaibli par le jeûne, n'eut pas la force de se redresser. Il leva des bras implorants vers la déesse, puis il se laissa tomber, mort.

Les moines, interdits, n'avaient plus qu'une pensée : fuir leurs cruels adversaires, lorsqu'une voix se fit entendre. Sinh avait sauté sur le crâne de son maître et ses pattes avaient pris la couleur ivoirine de la tête. Ses yeux, fixés sur Tsun-Kyan-Tsé, devinrent du même bleu que le regard de la déesse. Celle-ci posa une main sur la tête de l'animal. Les kittahs comprirent que l'âme de Mun-Ha était passée dans le corps du chat. Sinh cria : « Défendez-vous. Chassez les ennemis de ce temple. C'est Song-Ho qui vous l'ordonne ».

Les moines reprirent courage, s'armèrent de sabres ou de bâtons et tuèrent les Thaïs jusqu'au dernier. Puis ils voulurent honorer le chat sacré. Mais Sinh avait pris la place de son maître devant la statue. Il mourut sept jours plus tard. Les kittahs découvrirent alors que tous leurs chats avaient les gants blancs et les yeux bleus.

Telle serait, selon la légende, l'origine du Chat sacré de Birmanie.

En fait, l'apparition du Birman résulterait de croisements entre Persans et Siamois. Et il semble que la présence des fameux gants blancs caractérisant la race soit due à un Siamois qui possédait des pattes blanches. Si ces deux hypothèses ne font pas l'unanimité, on s'accorde, généralement, pour situer en 1910 la venue en Europe d'un premier couple de Birmans. Une Anglaise, Mrs. Thaddé-Hadisch, les rapporta de Birmanie. Cette dame fit un assez long séjour à Paris, où la femelle mit bas une portée de chatons aux gants blancs.

L'élevage du Sacré de Birmanie aurait progressé de façon beaucoup plus importante si la Seconde Guerre mondiale n'en avait interrompu le développement. Reconnue en France en 1925, cette race fut introduite en Grande-Bretagne et aux États-Unis dans les années 60.

Aspect général

Le Birman compte parmi les plus beaux chats qui existent. Ses poils longs de Persan et ses marques de Siamois produisent par leur association le plus heureux des effets. La qualité extraordinaire de sa fourrure et l'éclat de ses yeux en font un animal d'une grande splendeur.

Standard

Corps : de taille moyenne, à la fois allongé et massif. Les pattes sont solides, de longueur modérée. Les pieds sont ronds et fermes. Le gantage, blanc, constitue la marque du Birman : le blanc des pattes antérieures ne dépasse pas le commencement de la première phalange ; aux postérieures, il se termine en pointe, jusque sous le pied. La queue, robuste et bien touffue, est de longueur moyenne. Le Birman sait en jouer avec élégance.
Tête : ronde, large, avec une solide ossature. Le front est bombé et le nez court, moins toutefois que chez le Persan. Les joues sont pleines, les oreilles petites, légèrement en oblique et pas trop arrondies. Les yeux, ronds, un peu bridés, sont d'un bleu foncé brillant : on s'accorde à dire qu'ils fascinent.
Robe : de texture soyeuse, c'est une des plus belles qui se donnent à voir chez un chat. Le poil, modérément long, plus abondant sur le cou et la queue, est bien réparti sur le dos, les flancs et légèrement ondulé sur le ventre. La collerette doit être bien visible.
Couleurs : les premiers Chats sacrés de Birmanie possédaient les mêmes marques que les Siamois Seal-Point sur la face, les pattes, les oreilles et la queue. Le reste de la robe présente une teinte « coquille d'œuf » claire. Le dos est beige quelle que soit la variété, et le ventre blanc.
Défauts : des gants imparfaits, des yeux d'une couleur autre que le bleu soutenu, un strabisme prononcé, un museau pointu, un fond de robe trop sombre, une queue déformée ou présentant des nœuds.

Échelle des points

Tête et yeux	20	Fourrure	10
Corps	20	Condition	5
Queue	10		
Marques et gants	35	*Total*	*100*

Caractère et comportement

D'un naturel très sociable, le Birman accepte plus volontiers les caresses que le Siamois. Il ira, de lui-même, vers un visiteur qui lui plaît. En revanche, il ne faut jamais le brusquer ni chercher à le retenir contre son gré. Il accepte le jeu à condition de ne pas aller trop loin ; il est rare cependant que l'animal gronde ou sorte ses griffes. Très accommodant, il s'entend bien avec d'autres chats mais il garde toutefois un œil sur son maître ; en effet, il n'admet pas qu'on lui préfère un autre compagnon, et il boude pour exprimer son mécontentement. Son miaulement est doux et posé.

Chat sacré de Birmanie Tortie-Point.

Chat sacré de Birmanie Blue-Point.

Le Sacré de Birmanie est un chat d'appartement ; il se promènera avec plaisir aussi sur une terrasse ou dans un jardin. Il aime se tenir très près de son maître.

Entretien et alimentation

L'entretien du Chat sacré de Birmanie est identique à celui de tout chat à poil long : brossage périodique et examen complet hebdomadaire.
Un menu bien équilibré à base de viande répondra à son goût et... à son maigre appétit.

Reproduction

Le besoin sexuel de la femelle est intense au moment des chaleurs. Elle se montre alors assez bruyante et agitée. Les chatons naissent avec une robe unie, toujours très claire. Les marques apparaissent au bout de quelques semaines.

L'exposition

Ce chat tient aujourd'hui fort bien sa place dans les expositions félines. Si l'on souhaite faire concourir son Sacré de Birmanie, il convient de soigner particulièrement :
– sa fourrure, élément principal de sa beauté, qui sera traitée comme celle des Persans ;
– ses yeux, une des caractéristiques de la race, qui seront correctement nettoyés.
Le Birman accepte assez aisément la solitude de la cage et se prête sans difficulté à l'examen des juges.

Variétés

Le Chat sacré de Birmanie possède les marques du Siamois ; on a donc créé des variétés rappelant les principaux types de Siamois.
• Birman Seal-Point : robe crème dorée, gants blancs, yeux bleus, marques brun foncé, truffe brune, coussinets roses, seal, ou les deux ;
• Birman Blue-Point : marques et truffe bleu-gris, coussinets roses, bleu-gris, ou les deux ;
• Birman Chocolate-Point : marques et truffe chocolat clair, coussinets roses ou tirant sur le chocolat ;
• Birman Lilac-Point : marques lilas, truffe lavande-rose, coussinets roses, lavande-rose, ou les deux ;
• Les Américains ont produit un Birman à poil court appelé Snowshoe ou Silver Lace. Celui-ci présente deux variétés : Seal-Point et Blue-Point, et possède naturellement des pattes gantées de blanc. Il marque en quelque sorte une transition entre la minceur du Siamois et la rondeur du Birman. Ce Snowshoe, très rare, n'est pas encore reconnu par les principales associations félines.

LE SOMALI

Origine

Le Somali constitue une belle réussite pour les éleveurs. Il est vrai, en fait, qu'il s'agit plus d'un mutant que d'un produit issu de croisements. Sans doute a-t-on avancé que cet Abyssin à poil mi-long aurait une ascendance persane. Mais, aujourd'hui, on reconnaît généralement que le Somali est né fortuitement d'un phénomène commun à d'autres races de chats à poil court. Au sein d'une portée normale, un des chatons peut se distinguer par la longueur de son poil. Dans ce cas, l'éleveur l'élimine pour non-conformité au standard.

Or, il se trouve qu'un Américain, en 1930, eut dans deux portées différentes d'Abyssins, un mâle et une femelle à poil long. L'idée lui vint de les élever puis de les unir. La femelle mit bas plusieurs chatons à poil long également. En employant le procédé pharaonique, il obtint rapidement des produits identiques.

On baptisa le nouveau chat : Somali,... par référence à la proximité de la Somalie et de l'Abyssinie (ancien nom de l'Éthiopie), et la race fut reconnue en 1963.

Somali lièvre.

Somali roux.

Aspect général

Le Somali, qui, depuis 1977, réussit à se faire une place au soleil félin, est un très beau chat. Sa fourrure semble frisée, mais le tipping reste apparent.

Légèrement plus grand que l'Abyssin, le Somali a le dos plutôt arqué ; il paraît toujours prêt à sauter ou, au contraire, à se rétracter. Il se déplace avec beaucoup d'élégance.

Standard

Corps : souple, élégant et musclé. Les pattes sont solides, élancées, et les pieds ovales. Le dos est arqué. La queue, longue, épaisse à la base et légèrement effilée, est touffue.

Tête : ronde, elle s'amincit en un museau allongé mais non pointu. Les oreilles, plantées en arrière du crâne et larges à la base, sont modérément pointues. Les yeux, en amande, verts, dorés ou ambre foncé, sont cerclés de noir, profonds et expressifs.

Robe : la texture du poil est très douce au toucher, à la fois fine et dense. Le collier est épais et on apprécie davantage les sujets présentant des touffes aux oreilles. Le ticking se traduit par deux ou trois bandes de couleur sur le poil avec une extrémité sombre.

Couleur : teinte « lièvre », d'un brun chaud tiqueté de noir, avec un fond

orange foncé. La truffe est rouge brique et cerclée de noir. Les coussinets sont noirs ou brun foncé.
Défauts : une taille trop petite, une fourrure trop peu abondante, des yeux d'une couleur autre que celles admises ou non cerclés de noir, une timidité trop grande. Le ticking, quelle que soit la variété, doit rester nettement visible.

Échelle des points			
Tête et oreilles	15	Ticking	10
Yeux	10	Texture	10
Corps	20	Condition	5
Couleur	15		
Poil	15	*Total*	*100*

Caractère et comportement

Le Somali a un excellent caractère : beaucoup plus caressant que l'Abyssin, moins réservé ou jaloux ; il est très joueur. Ce chat promène un regard intense sur les gens qui l'entourent et son environnement. Il garde de la méfiance envers les étrangers et « jauge » son maître avant de s'abandonner.
Le Somali est un excellent chasseur plein de patience et de ruse. Ce chat s'adapte bien à la vie en appartement mais il est indispensable de le laisser aller et venir.
Le Somali craint le froid et les courants d'air violents ; c'est pourquoi son lieu de vie doit lui offrir une température douce et constante. Aux beaux jours, il aimera se promener en extérieur, pour le moins sur une terrasse.

Entretien et alimentation

Le poil du Somali doit être brossé quotidiennement.
Son goût très prononcé pour la viande devra être tempéré par des menus équilibrés, et, dès son jeune âge, on l'incitera à ne pas négliger les légumes.

Reproduction

Quoique la race soit désormais bien fixée, il arrive qu'au sein d'une portée apparaisse un chaton à poil court.
La femelle est peu prolifique. Chaque portée comprend deux ou trois petits, dotés d'une robe sombre. Le poil mi-long atteint sa taille normale à l'âge de dix-huit mois environ.

L'exposition

Bien que tardivement reconnu, le Somali est aujourd'hui présent dans nombre d'expositions en Europe.

Dans sa cage, il se montre patient, gentil et se frotte volontiers contre la main qui s'appuie au grillage. On le toilettera avec soin car, comme tous les chats récemment apparus, il est l'objet de sévères appréciations de la part des juges.

Un risque le guette : celui de voir, au fil des années, ses variétés se multiplier comme le cas se produit pour tant d'autres races. De ce point de vue, la difficulté d'obtenir de très bons spécimens et le fait que la femelle soit peu prolifique constituent sans doute une chance pour le Somali.

Variétés

A partir du Somali lièvre, type de la race, trois variétés ont été créées.

- Le Somali roux (Sorrel) est actuellement la seule variété reconnue. Sa fourrure, d'un cuivre-rouge très chaud, présente un ticking brun-chocolat, avec un fond abricot foncé. Les coussinets sont roses et la truffe est rose foncé.
- Le Somali bleu a le corps bleu-gris chaud avec un ticking bleu-gris. La truffe est rouge brique.
- Le Somali beige, quant à lui, a le corps beige terne avec un ticking crème foncé. La truffe et les coussinets sont d'un ton vieux rose.

LE BALINAIS

Origine

Le Balinais n'a jamais connu l'île de Bali. En réalité, il doit son nom à une polémique qui opposait des éleveurs américains. Lorsque, aux États-Unis, on voulut présenter un chat désigné comme « Siamois à poil long », les éleveurs de Siamois de race protestèrent et voulurent intenter un procès aux « contrefacteurs ». Quand on découvrit que ce chat « avait les grâces des danseuses de Bali », on opta donc pour l'appellation : « Balinais », nom en l'occurrence impropre dans la mesure où, comme chacun sait, les gestes des ravissantes danseuses de Bali restent stéréotypés et ne rappellent en rien la souplesse du chat... Mais qui reprocherait aux éleveurs américains ce trait d'imagination ?

L'ascendance du Balinais demeure bien incertaine ; on ne sait s'il est issu d'une mutation ou d'un croisement entre un Siamois et un chat à poil long. Reconnu en Amérique depuis une vingtaine d'années, le Balinais n'a été admis officiellement en France qu'en 1983. Il est encore très rare en Europe.

Aspect général

Mutant ou non, le Balinais se présente comme un Siamois à poil long, à l'inverse du Colourpoint qui, lui, tient davantage du Persan. Chez le Balinais, les marques sont aussi apparentes que chez son ascendant. Sa fourrure épaisse donne du relief à la tête, triangulaire et éclairée par un regard profond, qui apparaît très fine. La queue, longue et assez touffue, qui va s'effilant en pointe, rehausse le charme de ce beau chat.

Balinais.

Standard

Corps : de taille moyenne, assez allongé et svelte. Il est musclé tout en restant très élégant. La queue est longue et bien fournie.
Tête : triangulaire, avec un nez long et droit, des oreilles larges à la base, et un menton fin. Les yeux, d'un bleu soutenu, en amande, sont portés légèrement en oblique.
Robe : le poil est de bonne longueur, soyeux. Absence de sous-poil.

Caractère et comportement

Le Balinais est un chat intelligent, sociable, toujours aimable. Même adulte, il aime beaucoup se détendre, courir et il n'est pas rare de le voir réaliser des sauts acrobatiques. Généralement, l'animal se montre plutôt réservé envers les étrangers. Son cri ressemble à celui, assez désagréable, du Siamois. Peut-être ne s'agit-il pas d'un chat idéal pour qui apprécie le calme !
Le Balinais est un chat d'appartement, mais on doit toutefois lui laisser la possibilité de se promener d'une pièce à l'autre. Il adopte tous les membres de la famille, même s'il s'attache plus particulièrement à une seule personne.

Entretien et alimentation

Même si son poil, par rapport à celui du Persan, a beaucoup moins tendance à s'emmêler, il faut le brosser quotidiennement. Robuste et sain, le Balinais ne réclame aucun soin particulier.
On lui offrira une nourriture bien équilibrée à base de viande et, de temps à autre, du poisson.

Reproduction

Le mâle et la femelle atteignent leur maturité sexuelle plus précocement que les autres chats à poil long. La chatte met bas trois ou quatre chatons par portée, qui deviennent rapidement vifs et joueurs. Les parents participent à leurs jeux parfois bruyants.

Variétés

- Les couleurs admises chez le Balinais sont celles qui caractérisent les Siamois dits de base, c'est-à-dire : Seal-Point, Blue-Point, Chocolate-Point, Lilac-Point.
- Si la fourrure présente d'autres couleurs, on ne désigne plus ce chat sous le nom de Balinais : on l'appelle alors Javanais (voir monographie suivante).

S'il reste encore rare aujourd'hui en Europe, le Balinais, selon l'opinion des éleveurs, n'en est pas moins un chat d'avenir.

LE JAVANAIS

Origine

Frère du Balinais, le Javanais ne vient pas plus de Java que le Balinais n'est originaire de Bali. Les tenants du Balinais ne voulaient admettre que les couleurs de base du Siamois. Pour éviter qu'éclate un conflit entre éleveurs, on choisit un autre nom pour désigner les individus dont la robe arborait d'autres couleurs. Et puisque Java était proche de Bali, ... on décida de les appeler « Javanais » !

Aspect général

Le Javanais se présente comme un Siamois à poil long et, de même que le Balinais, n'a ni collerette ni sous-poil. Sa robe est soyeuse. Quelle que soit la variété, les couleurs doivent être nettement typées.

Standard

Il est identique à celui du Balinais, exception faite, bien entendu, des couleurs (voir rubrique Variétés).

Javanais.

Caractère et comportement

Le Javanais se montre aimable et affectueux ; il est vif et parfois bruyant. Chat de compagnie parfaitement adapté à la vie en appartement, il apprécie néanmoins les espaces aérés.

Entretien et alimentation

Un brossage quotidien et une alimentation variée le maintiendront en bonne santé.

Reproduction

Sexuellement précoces, les Javanais se révèlent être d'excellents parents. La mère met bas trois ou quatre petits par portée.

Variétés

- Red-Point : le corps crème, avec des marques rouge orangé.
- Cream-Point : le corps crème, avec des marques d'un marron assez foncé.
- Lilac-Cream-Point : le corps d'un blanc glacé, avec des marques tachées de gris rosé et de crème.
- Blue-Cream-Point : le corps blanc, avec des marques tachées de bleu et de crème.
- Tortie-Point : le corps beige-fauve, avec des marques tachées de roux et de crème.
- Lynx-Point : le corps de teinte unie, avec des marques tabby.

LE RAGDOLL

Origine

Une Persane blanche, dit-on, aurait engendré les premiers Ragdolls après avoir été blessée lors d'un accident de la route..., ce qui aurait rendu sa progéniture insensible à la douleur et à la peur. De fait, les chats appartenant à cette race réagissent bien peu face au danger. Pour expliquer cette sorte d'indifférence, on émet également l'hypothèse d'une sélection opérée sur des chats domestiques particulièrement dociles et tranquilles.

Aspect général

Le Ragdoll fait penser à un Birman dépourvu de gants. Il présente des marques très nettes, une fourrure épaisse et sa collerette ressemble à un tour de cou.

Standard

Corps : souple, jusqu'à paraître mou. La queue est robuste et fournie.
Tête : arrondie, avec des joues larges et un nez court. Les yeux, d'un bleu net, sont assez obliques.
Robe : plus épaisse que longue, elle est bien fournie.

Couleurs : rappelant celles des variétés classiques de Siamois : seal, bleu, chocolat et lilas. On rencontre également des Ragdolls bicolores ou multicolores.

Caractère et comportement

Le Ragdoll se montre très doux, très malléable, à tel point que l'on a appelé ce chat « poupée de chiffon ». Il demeure sans réaction face à un danger.
Le Ragdoll vit bien en appartement et s'entend parfaitement avec un maître à son image : calme et paisible.

Entretien et alimentation

Un brossage quotidien et un menu équilibré avec viande ou poisson, légumes ou riz le maintiendront en bonne santé.

L'exposition

Seuls quelques éleveurs américains produisent des Ragdolls. Ceux-ci sont d'autant moins présents dans les expositions organisées outre-Atlantique que leur origine demeure très controversée tout comme leur standard, établi, semble-t-il, sans l'aval d'une fédération.

Ragdoll.

LES CHATS À POIL LONG

LE PERSAN

Origine

Même si le Persan issu d'élevages français peut soutenir avantageusement la comparaison avec les meilleurs, on doit admettre que cette race, telle qu'on l'admire aujourd'hui dans les expositions, est l'œuvre des éleveurs britanniques. Ayant disposé d'une matière très riche à modeler, ils ont donc essentiellement effectué un travail de « finition ». Mais avec quelle réussite !

Comme pour la plupart des chats, on ne connaît pas l'origine exacte du Persan. Selon une tradition généralement admise, il fit son apparition en Europe vers 1586. Un gentilhomme italien, Pietro della Valle, aurait ramené dans ses bagages des « Angoras » qui lui auraient été offerts à Téhéran. Ceux-ci se seraient alors reproduits dans la péninsule et n'auraient pas franchi la frontière transalpine.

Un siècle plus tard, un Français, Nicolas de Peirsec, aurait présenté des « Persans ». Selon les uns, il aurait obtenu son premier spécimen en accouplant une Européenne avec un Manul rapporté d'un voyage en Extrême-Orient. Quoi qu'il en soit, c'est à la même époque que le Persan apparut en Angleterre, avec la fortune que l'on sait.

Aujourd'hui, une quasi-certitude existe : le Persan descend bien de l'Angora. Un naturaliste français, Lottin de Laval, envoyé en mission en Asie Mineure, adressa, en 1856, au président de la Société impériale d'acclimatation un rapport dans lequel il notait qu'il avait découvert à Erzeroum, en Arménie, des chats à poil long. Précisément, il en avait vu à Van, où l'archevêque en possédait trois : un gris clair, un blanc et un troisième moucheté de noir et de blanc. Ainsi indiquait-il, involontairement, les trois couleurs des premiers Persans : le blanc, le noir et le gris, dont on a fait un Persan bleu. Si l'on en croit Buffon, c'est ce Persan bleu qui aurait débarqué en Angleterre, amené par des Portugais faisant commerce avec l'Orient.

Depuis, les généticiens ont multiplié les variétés de Persans. Mais ils sont parvenus, aussi, à créer des races à part entière, tels le Chinchilla, le Colourpoint et le Golden. Si l'on veut bien excepter l'Européen et ses homologues Short-Hair, dont les limites sont mal définies, on peut affirmer que le Persan, toutes variétés comprises, est, de loin, le chat de race le plus répandu dans le monde puisque, à lui seul, il couvre 40 p. 100 du « marché ».

Mais il n'est pas certain qu'il conserve longtemps une telle position. La progression d'autres races à poil long ou mi-long crée une concurrence redoutable. Celle du Sacré de Birmanie, notamment, mais aussi celles, qui se confirment, du Chat turc du lac de Van, du Somali et même du Balinais peuvent laisser penser que la proportion actuelle perdra quelques points.

Persan blanc aux yeux impairs.

Aspect général

Les inconditionnels du Persan affirment qu'il est le roi des Chats. Sans partager ce jugement – car chaque race a ses propres qualités –, on doit, tout de même, reconnaître que c'est un... « aristo-chat », un animal noble au pelage admirable, à la grâce infinie, à la démarche emplie de souplesse et d'élégance.

Voir un Persan se déplacer est toujours un spectacle de grande qualité. Chacun de ses mouvements s'inscrit dans un registre harmonieux qui exclut la plus minime faute de style. De plus, il sait mettre en valeur sa fourrure somptueuse, éclairée par le plus profond et le plus lumineux des regards. En outre, cet animal, semblant afficher une nonchalance atavique, sait faire preuve, le cas échéant, d'une vivacité imprévue. De ceci il ressort que le Persan mérite incontestablement la place qu'il occupe aux tout premiers rangs de la hiérarchie féline.

Persan bleu crème.

Standard

Corps : assez massif, il peut mesurer de 40 à 50 cm. Le Persan, doté d'une poitrine large, est assez bas sur pattes. Les épaules et le dos sont bien musclés. Il possède de grands pieds, larges et ronds. La queue est magnifiquement fournie, en proportion avec le corps. Sa longueur peut atteindre de 25 à 30 cm. Portée bas, elle constitue un des attributs distinctifs de la race.

Tête : large, ronde, massive, jamais anguleuse. Elle donne une impression d'équilibre avec son crâne large, son front bombé, ses joues pleines. Le nez est petit, court, avec un stop net. Les oreilles, légèrement

arrondies, sont petites et bien séparées, placées assez bas sur le crâne. Le menton est développé, les mâchoires larges et puissantes. Le cou est fort et court. Les yeux, grands, ronds et brillants, sont bien ouverts et très expressifs. Leur couleur, très pure, doit s'harmoniser avec celle de la fourrure.
Robe : représentant la beauté majuscule du Persan, la fourrure est longue et dense, d'une texture fine et soyeuse. Une longue collerette, bien visible, recouvre les épaules et la poitrine. Une texture laineuse n'est pas admise.

Caractère et comportement

Le Persan a la réputation d'être un animal très calme, fort peu remuant. En réalité, il dissimule ses sentiments. Il éprouve un réel besoin d'affection et son indifférence n'est que feinte. Aimable, doux, sortant rarement ses griffes, il s'entend bien avec les enfants. Sociable avec les étrangers, il accepte leurs caresses, mais refuse une trop grande familiarité. A condition qu'on lui accorde la préférence, il supporte le voisinage d'autres chats. Jeune, il se révèle être très joueur. Adulte, il devient nettement plus sérieux. Le Persan sait se montrer discret ; il miaule assez rarement. Il aimera particulièrement un maître qui, de retour au domicile, ne manquera jamais de le caresser et de lui parler.
Le Persan est typiquement un chat d'appartement. Il sait se contenter de son panier, où il passera de longues heures à dormir. Mais, chez lui,

Persan tricolore : lilas, crème et blanc.

nonchalance ne veut pas dire paresse. Il aime à se déplacer d'une pièce à l'autre ; s'il dispose d'une terrasse ou d'un jardin, il s'y promènera avec plaisir. Le Persan ne cherche pas à s'éloigner de son environnement familier.

Entretien et alimentation

Certains éleveurs de Persans tiennent à ce que leurs produits présentent un nez de plus en plus « renfrogné ». On a constaté que le chat risquait alors de connaître des difficultés respiratoires, d'avoir des rhinites chroniques et des affections oculaires... Cela mérite réflexion et il semble, d'ailleurs, que l'on revienne à une notion plus juste de la santé du Persan ainsi que de sa longévité.

Le Persan est un animal solide qui, bien soigné et alimenté de façon à la fois variée et régulière, peut vivre en bonne santé pendant de longues années.

Le seul point délicat concerne sa fourrure, fragile : le Persan a tendance à perdre ses poils. Un brossage quotidien, auquel on aura habitué l'ani-

Persan crème.

Persan bleu.

mal dès son plus jeune âge, est indispensable pour faire tomber ses poils morts. On évite ainsi que le chat les avale lors de sa toilette et qu'il soit victime d'une grave occlusion intestinale.
Une bonne alimentation du Persan ne nécessite pas de régime particulier. On lui proposera, en alternance, conserves et viandes accompagnées de légumes frais.

Reproduction

La maternité pose certains problèmes. Souvent les chatons, à leur naissance, sont de santé assez délicate, et une surveillance presque constante se révèle nécessaire jusqu'au quatrième mois. Durant la gestation et après la naissance, il convient de donner à la mère des vitamines et du calcium, qui compléteront ses repas habituels. Il est bon d'éviter les accouplements consanguins, surtout s'ils sont trop rapprochés dans le temps.

L'exposition

Quelle que soit l'exposition, la race des Persans compte généralement le plus grand nombre de candidats à une récompense ou à un titre. Cette concurrence rend la compétition dans leur catégorie fort serrée. Le soin apporté à la présentation revêt donc une grande importance.

Avant de paraître devant ses juges, le Persan doit subir un brossage et un peignage minutieux, opérations qui s'effectuent à rebrousse-poil, depuis le bout de la queue jusqu'au cou, de bas en haut, avec beaucoup de douceur.

Persan noir.

Variétés

Il existe plus de quatre-vingts variétés de couleurs ou de motifs homologuées, pas systématiquement reconnues d'ailleurs par toutes les fédérations. On compte également des « sous-variétés », notamment en Amérique, qui « vont et viennent ». Nous indiquons ici celles qui sont définies par un standard très strict.

Les Persans unicolores

Dès la découverte du Persan, on a décrit trois variétés unicolores : le Persan bleu, le Persan noir et le Persan blanc.

• La fourrure du Persan bleu est plus bleu-gris que bleue, mais toutes les nuances sont permises à condition que la couleur soit pure, uniforme et sans le moindre blanc. Fournie, abondante, la robe se pare d'une collerette longue et douce. Les oreilles, plantées droit, sont petites et très écartées, et les joues bien développées. Les yeux, grands et ronds, peuvent être cuivre ou orange foncé, sans la moindre trace de vert. La queue, petite et épaisse, ne doit pas être effilée.

Échelle des points			
Tête	25	Robe	20
Yeux	20	Condition	10
Corps	15		
Queue	10	*Total*	*100*

• Le Persan noir, véritable prince de la nuit, est irrésistible lorsqu'il fixe un interlocuteur de tout l'éclat de ses yeux jaune or. La couleur noire « aile-de-corbeau » que les juges exigent est souvent difficile à obtenir. Aucun reflet plus ou moins rouille n'est admis. La robe est longue et soyeuse et la collerette abondante. Les yeux grands et ronds sont cuivre doré ou orange doré.

Échelle des points			
Tête	20	Robe	20
Yeux	15	Couleur	25
Corps	20	*Total*	*100*

• La robe du Persan blanc, admirable, doit être d'un blanc pur, cependant que les yeux sont d'un bleu saphir profond. Aujourd'hui, on a fixé un Persan blanc aux yeux orange. On note également l'apparition d'un Persan blanc aux yeux impairs, l'un bleu et l'autre orange ou cuivre. La fourrure du Persan blanc doit être souple, longue, soyeuse et ne jamais présenter une apparence laineuse. Le corps est trapu, bien charpenté. La collerette et la queue sont très fournies, ainsi que les oreilles, petites et écartées. Pour les yeux, les couleurs indiquées plus haut sont admises mais doivent être, dans tous les cas, d'une seule nuance.

Échelle des points			
Tête	20	Robe	20
Yeux	15	Couleur	25
Corps	20	*Total*	*100*

Persan roux.

Quelques autres variétés viennent aujourd'hui s'ajouter à ces trois premières, entre autres le Persan roux et le Persan crème.

- La robe du Persan roux doit être d'un rouge chaud et profond sans aucune tache ou marque. La truffe et les coussinets sont rouge brique, et les yeux cuivre ou orange foncé. Cette variété est malaisée à obtenir car on éprouve quelques difficultés à éliminer les traces de marques.
- La couleur du Persan crème, là encore, est assez difficile à fixer. Pourtant, les éleveurs obtiennent, depuis quelque temps, des résultats encourageants. La robe doit être de couleur crème, tirant sur le pastel, le poil uniforme jusqu'à sa racine sans sous-poil clair ou blanc. Aucune marque, tache ou ombre n'est admise... La truffe et les coussinets sont roses. Les yeux doivent être cuivre ou orange foncé.
- Deux autres variétés, Lilas et Chocolat, sont présentées dans les expositions, mais celles-ci ne semblent pas recueillir pour le moment l'approbation totale des juges.

Les Persans bicolores

Dans cette catégorie, les variétés tendent également à se multiplier.

- Six d'entre elles sont reconnues par la FIFe ; accompagnant le blanc, qui doit couvrir au moins un tiers de la robe, les couleurs admises sont : le noir, le bleu, le lilas, le chocolat, le rouge et le crème. Les taches seront très nettes et bien distribuées. La truffe et les coussinets sont roses ou bien en harmonie avec la couleur dominante. Les yeux, grands et ronds, sont cuivre ou orange foncé.

Échelle des points			
Tête	25	Robe	15
Yeux	15	Couleur	25
Corps	15		
Queue	5	*Total*	*100*

Les Persans fumés (Smoke)
Les Persans fumés ou Smoke sont d'autant plus beaux et recherchés qu'ils sont difficiles à obtenir.

- Le plus connu est le Persan fumé issu d'un croisement entre un Persan noir et un Chinchilla, à la robe très contrastée. La racine des poils est blanche alors que la pointe est noire. Lorsqu'il est au repos, on a devant soi un chat noir, mais dès que l'animal se met en mouvement le sous-poil devient visible. La collerette, les flancs et les oreilles portent des marques d'un noir prononcé. La robe est longue, abondante et soyeuse. Les yeux sont orange foncé ou cuivre.

Persan Smoke.

• Outre le Fumé noir, on reconnaît : le Bleu, le Chocolat, le Lilas, le Rouge, le Crème et l'Écaille de tortue.

Échelle des points			
Tête	20	Couleur	40
Yeux	10	Texture de la robe et condition	10
Corps	15	*Total*	*100*
Queue	5		

Les Persans marbrés (Tabby)

On confond parfois les Marbrés avec les Golden et les Silver Shaded. Les premiers sont issus de croisements ayant à la base des Persans. Les seconds proviennent, eux, de croisements de Chinchillas.

• Le Silver Tabby possède une fourrure argent tippée de noir très net. Les pattes sont cerclées et la queue, courte et fournie, est régulièrement annelée. Une ligne noire part du garrot et court jusqu'à la naissance de la queue. Dans la fourrure, très abondante, apparaissent des rayures bien séparées, le noir et l'argent se disputant la totalité de la robe. Une double rangée de taches noires se distingue sur le ventre. Les yeux, cernés de noir, sont verts, noisette ou orange.

Persan Brown Tabby.

Échelle des points			
Tête	20	Couleur	40
Yeux	10	Robe et condition	15
Corps	10		
Queue	5	*Total*	*100*

• La couleur de base du Tabby brun (Brown Tabby) est sable doré, avec de fines rayures. Des marques en forme de papillon sont visibles sur les épaules. On remarque des bandes foncées sur les flancs. La queue est annelée et présente, souvent, une extrémité noire ou brun foncé.

• Le Tabby roux (Red Tabby) possède une robe d'un rouge soutenu et profond. Les marques, nettement dessinées, sont identiques à celles du Silver Tabby. Les paupières sont cernées de rouge foncé. Ce type est très recherché, surtout en Grande-Bretagne.

Les Persans à face de pékinois (Peke-Faced)

Il ne s'agit pas encore d'une « variété ». Ce type, à l'avenir pour l'instant incertain, n'est encore représenté qu'à quelques exemplaires, mais des éleveurs anglais et américains semblent décidés à en fixer la race. On appelle ces chats Persans à face (ou à tête) de pékinois car ils pré-

Persan écaille de tortue.

sentent quelque ressemblance avec le chien du même nom, de l'avis de certains inconditionnels en tout cas. Un observateur moins « engagé » remarquera que, en fait, ce chat a la face légèrement plus aplatie et le nez « ridé »... Inconvénient majeur : ses yeux pleurent !
Ce chat, dont on connaît mal l'avenir, existe actuellement dans toutes les couleurs du Persan.

Les Persans écaille de tortue
Il s'agit de chats multicolores. Le type présente une fourrure de couleur rouge ornée de taches dont la dominante reste le noir.
• L'Écaille et blanc, appelé Calico aux États-Unis, possède une robe aux couleurs nettes et très brillantes, rouge, noir et blanc. Une bande blanche, sur le dos, est appréciée. On peut également trouver des Écaille bleu et blanc, chocolat et blanc, lilas et blanc. Les yeux des Écaille de tortue, grands et ronds, sont cuivre ou orange foncé.

Échelle des points			
Tête	20	Robe	50
Yeux	15		
Corps	15	*Total*	*100*

Persan Cameo.

Les Persans Cameo
Le Cameo a fait son apparition aux États-Unis en 1957. Né de croisements entre Persans Silver et Persans roux, il offre une magnifique robe au poil très long et nuancé. Le type possède une fourrure aux tons roux et argentés. Mais on trouve aussi des Cameo Seal-Point, Blue-Point, Chocolate-Point, Red-Point, Lilac-Point et Tortie-Point.

LE CHINCHILLA

Origine
Elle est attribuée à Mrs. Valence qui, vers 1880, en Grande-Bretagne, eut l'idée d'accoupler des Persans fumés et Silver Tabby. En 1888, elle présenta un produit baptisé « Silver Lambkin » qui obtint un vif succès. Mais c'est la princesse Victoria, petite-fille de la reine Victoria, qui promut le « Chinchilla ». En 1900 se constitua à Londres une première Silver Society. Puis, en 1908, fut créé le Chinchilla Cat Club. Le Chinchilla recueillit également beaucoup de succès aux États-Unis. Sa robe, à l'origine, était plus foncée et comportait des zébrures apparentes. De part et d'autre de l'Atlantique, on n'eut de cesse d'obtenir des chats au pelage blanc uni à reflets argentés.

Chinchilla.

Aspect général

On peut affirmer, sans crainte d'être contredit, que le Chinchilla constitue une réussite remarquable de l'élevage félin. Sa fourrure et sa magnifique queue en panache suscitent beaucoup d'admiration. Le nez, dont l'élégance est rehaussée par les reflets dus au tipping noir du poil, plus marqué, ne donne pas à l'animal cet air « renfrogné » qu'on remarque chez le Persan. Le vert très lumineux de ses yeux ajoute encore à la beauté d'une tête bien proportionnée. De plus, ses attitudes comme le moindre de ses mouvements sont emplis d'une grâce majestueuse.

Tête de Chinchilla : à noter la couleur des yeux, caractéristique : bleu-vert à vert émeraude.

Standard

Corps : trapu, posé sur des pattes courtes et épaisses. Les coussinets sont noirs ou seal.

Tête : large et ronde. Le museau est large également, et le nez court, non « bref ». Les oreilles sont très touffues. La truffe est rouge brique. Les yeux, grands et très expressifs, sont bleu-vert à vert émeraude, et les paupières bordées de noir.

Robe : elle présente un tipping noir sur le dos, les flancs, la tête, les oreilles et la queue. C'est ce tipping, sur un huitième environ de la longueur du poil, qui donne l'apparence caractéristique de l'argent brillant. Le sous-poil est d'un blanc pur. Les pattes et la face peuvent être légèrement ombrées.

Défauts : un tipping non uniformément réparti, une mine trop « renfrognée », des marques tabby sur les pattes, la tête ou la queue, des yeux jaunes ou noisette.

Échelle des points			
Tête	30	Fourrure	30
Yeux	15	Condition générale	5
Corps	20	*Total*	*100*

Caractère et comportement

Le Chinchilla est un chat plein de tempérament, très intelligent, qui suit son maître partout et qui a l'art de moduler ses miaulements pour tenir de véritables conversations. Il se montre assez timide avec les étrangers. Ce chat, empli de gaieté, apprécie la compagnie des enfants.
Le Chinchilla est beaucoup plus heureux s'il dispose d'espace car il aime le jeu, voire, peut-on dire, le sport. Sans doute, en bon descendant des Persans, apprécie-t-il de longues périodes de repos mais il éprouve aussi le besoin de se dépenser.
Le Chinchilla estimera particulièrement un maître qui aime « discuter ». Il tient à faire savoir qu'il est là et qu'on doit s'occuper de lui.

Entretien et alimentation

Le Chinchilla, chat à poil long, a besoin, bien entendu, d'un brossage quotidien et d'un examen hebdomadaire très minutieux. C'est un animal robuste, qui restera en pleine forme si on lui permet des sorties assez longues, celles-ci se déroulant nécessairement en terrain clos. Il acquiert alors une plus grande immunité contre le froid et sa fourrure devient plus dense, plus belle.
Il convient de lui proposer une nourriture variée et équilibrée, qui alterne le plus possible les produits frais et les conserves.

Reproduction

L'accouplement entre Chinchillas ne pose pas de problèmes. La seule difficulté est d'obtenir de bons produits. Les chatons, un à trois par portée, naissent souvent tachetés ou avec des rayures tabby sur le dos, la tête ou la queue. En général ces marques s'effacent à l'âge adulte pour ne laisser apparaître que le tipping, mais on ne peut jamais être certain qu'il en sera toujours ainsi. Les yeux des petits sont bleus, leur couleur commençant à changer vers la sixième semaine. Il faudra attendre près de deux ans parfois avant que les yeux de l'animal prennent cette couleur verte qui constitue un des éléments majeurs de sa beauté.

L'exposition

Le Chinchilla est de plus en plus prisé par les amateurs de beaux chats, et sa participation aux expositions croît en importance. De l'avis même des juges, il est difficile de noter ce chat.

Outre les défauts indiqués dans la rubrique Standard (voir plus haut) sont également considérés comme fautes : un reflet jaune ou brun dans le poil, un tipping gris ou bleu, trop court, une face plantaire des pattes arrière noire, des poils unicolores sans aucun reflet argenté.
Mais les progrès réalisés dans l'élevage du Chinchilla rendent ces fautes de moins en moins apparentes. Dans une exposition, le « Silver argent », comme on le nomme parfois, n'a rien à envier aux plus beaux chats à poil long.

Variétés

On a créé, bien entendu, des variétés de Chinchillas tels le Bleu, le Lilas et le Chocolat ou, encore, le Cameo. Toutefois, une réussite plus nette a été obtenue avec le Golden et le Silver Shaded (voir monographie suivante), à la fois très proches et très distincts du Chinchilla argenté.

LE GOLDEN SHADED ET LE SILVER SHADED

Origine

Le Golden Shaded et le Silver Shaded ne sont pas les frères jumeaux du Chinchilla. Ces chats proviennent, en réalité, de mariages entre Chinchillas et Silver, pour lesquels les éleveurs s'entourent de précautions d'autant plus grandes qu'ils risquent d'obtenir des portées dont les sujets appartiennent soit à l'une soit à l'autre des variétés. Le calcul le plus délicat consiste à prévoir l'importance du tipping. Celui-ci doit être plus long pour le Golden et le Silver que pour le Chinchilla. Selon la méthode employée, le tipping peut être trop accentué ou, au contraire, trop atténué.
Dans les deux cas, l'incertitude sur le devenir des chatons demeure mais les produits obtenus, lorsqu'ils restent dans les normes établies pour les Golden et les Silver, sont d'une telle beauté que l'on doit, dès maintenant, leur accorder une place de choix parmi les variétés issues du Persan.

Aspect général

Ces chats possèdent, avant toute autre chose, une fourrure incomparable. Le Golden présente une livrée au sous-poil doré et des extrémités sombres. Les tons se marient harmonieusement sur une robe somptueuse, avec des nuances diverses d'un spécimen à l'autre. La queue

est généralement annelée et très touffue. La poitrine apparaît dans des tons plus clairs, alors que la collerette, importante, lance des reflets jaune doré.
La fourrure du Silver Shaded rappelle celle du Chinchilla, mais elle est plus foncée et plus « argentée ».

Standard du Golden Shaded

Corps : massif, il repose sur des pattes courtes. Comme chez les autres Chinchillas, la taille du Golden est légèrement inférieure à celle des Persans.
Tête : large et ronde, avec un nez court, des oreilles bien fournies en poils, petites et écartées. Le menton est large. Les yeux sont verts ou vert bleuté et bordés de noir. La truffe est rouge brique, cerclée de noir.
Fourrure : le ton est plus soutenu sur la face et sur le dos, allant du brun chaud à l'abricot, et plus clair sur les flancs, le ventre, le dessous de la queue, le menton et les plumets d'oreille. La couleur des babines et de la poitrine est crème ou plus claire. Des spirales peuvent marquer la face, et les pattes peuvent être rayées.
Défauts : une robe trop claire ou trop grise, des marques tabby nettes sur le dos.

Golden Shaded.

Standard du Silver Shaded

Identique pour le type à celui du Golden.

Fourrure : le sous-poil doit être d'un blanc pur avec un tipping noir s'étendant du dos vers les flancs ainsi que, légèrement, sur la face et les pattes. Des anneaux non fermés sont admis sur les pattes. Le menton, la poitrine, les plumets, le ventre, le dessous de la queue sont d'un blanc pur. La face et la partie supérieure de la queue portent un tipping net qui devra être régulier.
Défauts : des anneaux aux pattes fermés, des taches sur le ventre et la poitrine, des yeux jaunes ou noisette.

Silver Shaded.

Caractère et comportement

Le Golden Shaded tout comme le Silver Shaded sont des animaux affectueux, amusants, toujours prêts à participer à un jeu. Très intelligents, ils percent aisément les qualités et les défauts de ceux qui vivent avec eux, et ils usent de cette connaissance sans pour autant en abuser. Chats de compagnie, le Golden et le Silver se plaisent chez leur maître et s'adaptent à l'espace dont ils disposent.
Guère tentés par la fugue, ils pourront sortir, mais de préférence en terrain clos... Ainsi ne seront-ils pas convoités par quelque voisin séduit par leur beauté ! Ces chats ne miaulent que s'ils éprouvent le besoin d'attirer l'attention sur eux. Un maître doux et tranquille leur conviendra parfaitement.

Entretien et alimentation

Comme pour les autres chats à poil long, un brossage quotidien et un examen complet hebdomadaire sont nécessaires. Les yeux réclament une certaine surveillance ; on les nettoiera avec une lotion oculaire. De même que le Chinchilla, le Golden et le Silver apprécient une nourriture variée où alternent produits frais et conserves. Une adjonction de levure favorisera le développement de la fourrure.

L'exposition

Quoiqu'ils soient désormais bien classés, ces chats ne figurent pas encore en nombre dans les expositions. Et tout comme le Chinchilla, ils ne sont guère faciles à juger. C'est sans doute la raison pour laquelle les juges se fondent moins sur une échelle des points mal définie que sur une impression d'ensemble surtout donnée par la fourrure, dont les tons diffèrent d'un sujet à l'autre.
Ajoutons que, dans la même catégorie, les éleveurs présentent maintenant d'autres membres de la « famille », qui ont pour nom Chinchilla bleu, Chinchilla chocolat, Chinchilla lilas, Silver Chinchilla bleu, Silver Chinchilla chocolat et Silver Shaded lilas... Et tout laisse à penser que la liste n'est pas close.

LE PERSAN COLOURPOINT

Origine

On mit longtemps à le reconnaître, ce chat dont on ne sous-estimait pas la beauté mais dont l'origine était contestée. On l'acceptait dans les expositions mais il n'était pas autorisé à concourir. D'un pays à l'autre, on l'appelait Himalayen, Khmer ou Colourpoint. On ne savait s'il fallait le considérer comme un Siamois à poil trop long, comme un Persan aux marques trop nettes ou bien comme un Birman ayant perdu ses gants. Il y avait, incontestablement, un peu de ces trois races chez l'animal. On hésitait d'autant plus à le classer que le Governing Council of the Cat Fancy excluait toute union entre des chats à poil long et d'autres à poil court.
Des premiers essais furent tentés par un généticien suédois dès 1924. Puis deux chercheurs américains poursuivirent ces expériences. En 1930, ils réussissaient à obtenir une chatte à poil long possédant les caractéristiques d'un Siamois. Ne manquant certes pas d'humour, ils la baptisèrent « Débutante ».
Des éleveurs anglais décidèrent alors de prendre le relais. Mais il fallut attendre 1947 pour qu'on parvînt à fixer la race. Celle-ci présentait

encore quelques défauts : nez trop long, poil trop court, yeux trop orangés. Au moins était-on en présence d'un chat possédant une réelle personnalité ! Restait à vaincre l'hostilité des sphères officielles. Un Britannique, M. Stirling Webb, s'y employa et vit finalement ses efforts récompensés. Le G.C.C.F. reconnut le Colourpoint, nom sous lequel ce chat allait, désormais, être accepté partout. Le Colourpoint entrait donc dans le « gotha » félin... Et l'on décida de le désigner désormais sous le nom composé de Persan Colourpoint.

Aspect général

Tout dans la silhouette du Colourpoint rappelle immédiatement le type persan. En fait, il ne conserve de son ascendant siamois que les marques et la couleur des yeux. Et plus le bleu de ceux-ci sera sombre, plus le chat sera estimé. Mais si sa taille, sa tête bien ronde, ses petites oreilles et ses pattes fortes imposent son côté persan, les marques, en revanche, doivent apparaître très nettement.
Si l'on tient pour certain qu'il a bénéficié en outre d'un apport de sang birman, c'est plutôt dans le caractère que l'on en découvrira des traces. Il est capable, en effet, d'offrir à son maître des trésors d'affection.

Persan Colourpoint Seal-Point.

Standard

Corps : solide sur des jambes robustes. Il atteint sa perfection à l'âge de dix-huit mois. La queue, droite, courte et sans nœud terminal est assez peu fournie.
Tête : large et arrondie, comme celle du Persan. Les joues sont rondes, les petites oreilles bien écartées. Les moustaches (vibrisses) sont très longues. Les yeux, ronds et larges, doivent être d'un bleu profond.
Robe : le poil est celui d'un Persan, à la fois abondant et soyeux. Les marques, comme chez le Siamois, se situent sur le masque, les oreilles, les jambes, les pieds et la queue.
Défauts : des yeux d'une couleur autre que le bleu, une tendance au strabisme, des taches ou des doigts blancs, un nez trop droit.

Échelle des points			
Tête	25	Robe	15
Forme des yeux	10	Couleur et marques	10
Couleur des yeux	10	Condition	10
Corps	10		
Queue	10	*Total*	*100*

Caractère et comportement

Le succès remporté par le Persan Colourpoint est dû, sans doute, à sa grande beauté. Mais, pour séduire, ce chat dispose d'autres atouts. Ses ancêtres lui ont transmis leurs plus grandes qualités. Il possède, en effet, le calme du Persan, la vivacité du Siamois, la tendresse du Birman. Ce chat doit évoluer dans une ambiance calme. Il pourra tout aussi bien rester pendant des heures sans bouger, ou se dépenser, jouer, accompagner son maître d'un endroit à l'autre... Il se montre patient envers les enfants et accepte même qu'on le taquine. Mais c'est d'abord à son maître qu'il exprimera toute son affection, dont il attend en retour de nombreux témoignages de tendresse. Si celui-ci le néglige tant soit peu, il miaulera doucement pour demander la caresse à laquelle il a droit. Le Colourpoint a besoin de mouvement. A défaut de jardin ou de terrasse, il faut lui laisser la possibilité d'aller d'une pièce à l'autre.

Entretien et alimentation

Le Persan Colourpoint est un chat solide qui réclamerait assez peu de soins s'il n'avait le poil long. On doit donc le brosser quotidiennement et, naturellement, procéder, une fois par semaine, à un examen complet. Une alimentation régulière lui sera profitable. On lui fera consommer, en

Persan Colourpoint Tabby-Point.

alternance pour lui aussi, de la nourriture en conserve et des produits frais. On pourra également lui proposer, tous les trois ou quatre jours, du poisson en remplacement de la viande.

On a prétendu que le Persan Colourpoint était de santé relativement fragile. En réalité, il est aussi solide qu'un chat d'une autre race, à ceci près que, jeune, il craint peut-être les trop brusques changements de température.

Nourri convenablement et élevé dans un souci constant de propreté, ce chat ne pose véritablement aucun problème à son maître.

Reproduction

Les mâles ne sont pas précoces. Ils atteignent leur maturité sexuelle à l'âge de dix-huit mois environ. La femelle met bas deux ou trois petits, qui naissent avec un poil uniformément blanc, les marques n'apparaissant qu'aux alentours du sixième mois.

L'exposition

Le Persan Colourpoint participe désormais à toutes les expositions, et l'on peut constater au nombre des visiteurs qui se présentent devant les cages qu'il tient une bonne place parmi les grands.
Il garde beaucoup de calme face à ses admirateurs, surtout s'il sent la présence de son maître à ses côtés.
Ce chat mit longtemps à se faire admettre. C'est pourquoi les juges se montrent assez sévères envers lui. On doit, évidemment, le toiletter pareillement aux autres Persans. Sont considérés comme des fautes, outre celles indiquées dans la rubrique Standard : des taches ventrales ou sur les flancs, des rayures ou des poils décolorés dans les marques (brindled), ou encore une trop grande ressemblance avec le Siamois. En revanche, de très longues moustaches sont appréciées. Celles-ci affirment un peu plus encore la personnalité du Colourpoint.

Variétés

Elles se distinguent en fonction des couleurs.

- Seal-Point : corps crème nuancé d'or, marques brun foncé et truffe seal ;
- Blue-Point : corps blanc glacé, marques bleues et truffe bleu-gris ;
- Chocolate-Point : corps ivoire, marques et truffe chocolat-au-lait ;
- Lilac-Point : corps magnolia ou blanc, marques gris-rosé et truffe lavande-rosé ;
- Red-Point : corps blanc crémeux, marques orange chaud et truffe rose ;
- Tortie-Point : corps crème, marques écaille de tortue ;
- Blue-Cream-Point : corps blanc, ombres bleues, marques bleues et crème ;
- Lynx-Point : corps blanc, marques de diverses couleurs.

L'ANGORA TURC

Origine

La provenance de l'Angora turc est incertaine. Mais il est, lui-même, l'ancêtre du Persan. Ce dernier étant jugé plus beau, l'Angora faillit disparaître définitivement car, pendant longtemps, on ne le produisit plus. En 1963, des éleveurs américains prélevèrent quelques spécimens dans un zoo de la région d'Ankara. Apprenant qu'existaient, aux États-Unis, des Angoras de pure souche, des Britanniques décidèrent de recréer la race... en se fondant sur les bases morphologiques du Chat turc. Aujourd'hui, l'Angora américain et l'Angora anglais se ressemblent comme deux frères jumeaux.

Aspect général

L'Angora turc, que l'on ne confondra pas avec le Chat turc du lac de Van, est un très bel animal à la fourrure généralement blanche et au poil long et soyeux. Sa tête est nettement moins ronde et large que celle du Persan. Ses mouvements, presque toujours lents, sont d'une grande élégance. Il aime poser et peut rester parfaitement immobile durant de longues minutes.

Standard

Corps : assez robuste, un peu plus long que celui du Persan. Son ossature est légère. Les jambes sont assez courtes. Sa queue est longue et effilée (l'Angora aime la replier en panache).
Tête : plus mince que celle du Persan. Les oreilles sont très écartées et pointues. Ses yeux, en amande, sont bleus mais d'autres nuances sont acceptées. On rencontre aussi, quelquefois, des Angoras turcs aux yeux vairons.
Robe : souple, fine et soyeuse, elle est plus épaisse sur le cou, le ventre et la queue. La mue annuelle est impressionnante. La robe repousse abondamment dès le début de l'hiver. L'Angora blanc fut d'abord le seul admis. Aujourd'hui, on rencontre des spécimens dont la fourrure est de couleur différente.

Caractère et comportement

L'Angora est un chat particulièrement doux, affectueux et très intelligent. Il adore jouer, même lorsqu'il a atteint l'âge adulte. C'est un bon compagnon, guère bruyant.
Casanier, ce chat préfère l'ambiance feutrée d'un appartement à la griserie des grands espaces.

Entretien et alimentation

L'Angora possède une bonne santé, mais sa « création » est encore trop récente pour que l'on soit assuré de sa longévité.
Un brossage quotidien et un peignage, dans le sens du poil, seront nécessaires. L'absence de sous-poil facilite son entretien. Comme il n'aime pas l'eau, on ne le baignera pas ; on utilisera donc un shampooing sec.
Ce chat n'est pas difficile à nourrir. Bien qu'il soit très amateur de viande, on lui proposera des repas variés.

Reproduction

Les chatons sont très précoces, mais ils n'acquièrent leur vraie beauté qu'à l'âge de deux ans environ.

Angora turc.

L'exposition

Reconnu en 1977 par plusieurs fédérations, l'Angora n'est pas encore admis partout. On le rencontre surtout aux États-Unis et en Grande-Bretagne ; ses premiers pas sur le Vieux Continent l'ont conduit dans quelques clubs allemands. A ce jour, aucune échelle des points officielle le concernant n'a été établie. Sans doute faudra-t-il encore patienter quelques années pour que l'on puisse admirer ce chat dans les expositions et pour que lui soient attribués les titres qu'il mérite.

LE CHAT TURC DU LAC DE VAN

Origine

Ce chat est originaire de la région montagneuse et froide de Van en Turquie, un endroit isolé assez difficile d'accès ; cela explique, sans doute, le fait que ce très bel animal soit longtemps resté inconnu.
En 1950, une Anglaise, Miss Lushington, eut l'occasion de se rendre au bord du lac de Van ; elle en rapporta un premier couple. Puis elle retourna en Turquie pour acquérir trois autres chats. Son élevage connut rapidement le succès.
En 1969, le G.C.C.F. et à sa suite, en 1970, la FIFe reconnurent le nouveau venu sous le nom de Chat turc du lac de Van.

Aspect général

La couleur de base de ce chat est le blanc. Sa personnalité lui vient des marques rousses qu'il porte sur la tête et de sa queue, elle-même d'un très beau roux-brun, qui forme un superbe panache. Il se déplace avec dignité mais sait se « défouler » en gambadant dès que l'espace le lui permet. Il possède une très bonne détente et prend plaisir à sauter les obstacles.

Standard

Corps : robuste, allongé et musclé. Ses pattes sont de longueur moyenne, avec des petits pieds ronds aux doigts touffus. Sa queue, très fournie et de longueur moyenne, est entièrement rousse.
Tête : large sans être ronde, elle s'inscrit dans un triangle. Le nez est de longueur moyenne. Les oreilles, larges à la base et légèrement arrondies, sont placées haut sur le crâne et assez rapprochées. Ses yeux, ambre pâle, sont grands et ronds, placés en oblique, avec des paupières cerclées de rose.
Robe : la texture est fine et soyeuse, dense, mais dépourvue de sous-poil laineux ; blanche sans trace de jaune, elle présente toutefois des marques châtain-roux sur la face.

Échelle des points			
Tête	25	Couleur et fourrure	35
Yeux	10	Condition	10
Corps	10		
Queue	10	*Total*	*100*

Caractère et comportement

En règle générale, le Chat turc du lac de Van se montre affectueux, doux, surtout s'il est mis en confiance. Très intelligent, il aime le jeu et, cas particulier chez les chats, adore l'eau et la nage. Il s'habitue aisément à la vie en appartement. Il s'entend bien avec les enfants mais peut sortir les griffes si on l'« asticote », ou mordre à l'occasion.

Entretien et alimentation

C'est un chat au poil long mais résistant. Il en perd moins que son cousin persan. Un bon nettoyage hebdomadaire suffit à entretenir la fourrure, dès l'instant où on lui donne un coup de peigne tous les deux ou trois jours. En période de mue, qui se situe au mois de mai, le chat perd quantité de poils au point de ressembler à un Européen. Mais la toison se reconstitue rapidement.
Sa bonne santé va de pair avec une alimentation variée. On alternera produits frais et légumes. Un jour sur trois ou quatre, on remplacera la viande par du poisson bouilli. Dans le menu quotidien, les légumes constitueront un tiers de la portion. Enfin, s'il le supporte, on lui proposera un peu de lait, boisson qu'il apprécie.

Reproduction

Le couple recherche quelque peu l'isolement. La femelle, au caractère moins facile que le mâle, met bas trois ou quatre chatons par portée.

Chats turcs du lac de Van.

L'exposition

Bien qu'il n'ait fait son apparition en Europe que depuis très peu d'années, le Chat turc du lac de Van est présent dans beaucoup d'expositions, où l'on admire tout autant la douceur de son regard que le panache flamboyant de sa queue.
Généralement, les juges considèrent comme une faute légère quelques taches marron irrégulières, notamment sur l'arrière-train.

LE CHAT DES FORÊTS NORVÉGIEN (ou SKOGATT)

Origine

Le Skogatt est un des derniers chats à la mode, et lui aussi a sa légende puisqu'on l'a présenté comme un « super-chat » dont le poids pouvait atteindre 20 kg ! Autrefois, on voyait en lui « un petit monstre sauvage » toujours prêt à l'attaque, digne émule du Chat sauvage européen. Cependant, une telle réputation a vite été démentie. En réalité, ce très bel animal possède une fourrure épaisse qui le fait paraître nettement plus gros et plus fort qu'il ne l'est vraiment.

Chat des Forêts norvégien.

S'ils ont fait récemment leur apparition dans les expositions félines, les Chats des Forêts (ou des Bois) norvégiens n'en appartiennent pas moins à une race très ancienne, implantée, et non pas née, dans le nord de l'Europe. On pense généralement que ce furent les Vikings qui les découvrirent près de la mer Caspienne lors de leurs lointaines expéditions. Ils les emmenèrent jusqu'en Norvège, où on les destina à la chasse des rongeurs. Livrés à eux-mêmes, ces chats ne tardèrent pas à se réfugier dans les forêts de la Scandinavie. Mais ils ne menaient pas une vie sauvage au point d'éviter totalement l'homme. Celui- ci, d'ailleurs, les introduisit dans ses légendes.
Au siècle dernier, les fermiers norvégiens commencèrent à l'apprivoiser. Puis des élevages se créèrent. Reconnu en 1930, le Skogatt resta longtemps encore à l'intérieur de ses frontières. Des règles strictes le protégeaient et les gardes-chasse surveillaient activement les « contrebandiers ». Peu à peu, cependant, les liens se desserrèrent et le Skogatt descendit vers le Sud européen.
A présent, des éleveurs anglais, allemands, français produisent des Chats des Forêts norvégiens, et il semble que ce splendide animal soit promis à un bel avenir, car il fait l'objet d'une demande de plus en plus forte.

Aspect général

Le Skogatt possède un poil mi-long mais bouffant. Tout en muscles, haut sur pattes, il progresse rapidement par bonds. Une de ses particularités tient dans sa façon très spectaculaire de se déplacer dans les arbres. Il y grimpe à toute allure, saute de branche en branche, choisit un poste d'observation comme s'il guettait une proie, puis redescend aussi vite qu'il était monté. D'une souplesse étonnante, il est capable de garder l'équilibre sur une crête ou de s'agripper à une paroi rocheuse. De loin, on peut le confondre avec un Européen doté d'un poil long.

Standard

Corps : musclé et souple, posé sur des pattes puissantes, les postérieures étant un peu plus hautes. Les griffes sont très développées. La queue, de longueur moyenne, est très touffue.
Tête : en fait triangulaire, elle paraît ronde à cause surtout de la collerette, qui est très bouffante. Le nez est long et le menton solide. Les oreilles, larges et hautes, présentent des extrémités « à la lynx ». Les yeux, vifs et attentifs, sont grands et ouverts, toujours en éveil ; leur couleur s'harmonise avec celle de la robe.
Fourrure : assez longue, luisante, faite de jarres huileux qui protègent l'animal contre la pluie et la neige. Elle se double d'un sous-poil laineux qui le préserve du froid.
Couleurs : toutes les couleurs sont admises. On constate souvent que les Tabby possèdent un poil plus épais que les sujets uni- ou bicolores.

Chat des Forêts norvégien.

Défauts : une fourrure sèche, une queue trop courte ou insuffisamment fournie, un nez trop court, une tête « carrée », des oreilles trop petites ou trop écartées.

Échelle des points			
Type	25	Queue	10
Tête	20	Fourrure	25
Yeux	5	Condition	5
Oreilles	10	*Total*	*100*

Caractère et comportement

Le Chat des Forêts norvégien est un animal très intelligent. Il convient de le classer parmi les meilleurs « chats de chasse ». De son ascendance mi-sauvage, il a gardé une certaine réserve, sinon une relative méfiance envers tout étranger. En revanche, il exprime beaucoup de douceur et d'attachement à son maître, surtout si ce dernier lui témoigne de l'affection. Jeune, il aime le jeu mais supporte mal qu'on veuille le lui imposer. De même accepte-t-il les caresses si celles-ci ne se prolongent pas outre mesure. Il faut éviter, autant que possible, de le retenir contre son gré car, alors, il peut sortir ses griffes.

Le Skogatt accepte de vivre dans une maison s'il a la liberté de se promener d'une pièce à l'autre. Pour qu'il s'épanouisse pleinement, on le laissera circuler dans un jardin pourvu d'un arbre au moins.

Entretien et alimentation

L'entretien de ce chat ne pose aucun problème car son poil ne se feutre pratiquement pas. Il suffit de le brosser ou de le peigner une fois par semaine, excepté durant la période de mue où seule la queue reste touffue. L'animal supporte bien le bain, à condition de le sécher rapidement. Son alimentation est identique à celle des autres chats. On peut lui proposer en alternance viande et poisson.

Reproduction

Les chatons ont véritablement l'aspect de jeunes Européens et se montrent rapidement vifs et gais. Ils ne cesseront de se développer qu'au terme de la deuxième année.
La taille des femelles est légèrement inférieure à celle des mâles. Elles mettent bas quatre ou cinq chatons par portée. Ce sont des mères très attentives ; quant aux mâles, ils restent en général indifférents à l'égard de leur progéniture.

L'exposition

Le Chat des Forêts norvégien est de plus en plus présent dans les expositions..., mais gare aux « contrefaçons » ! En effet, on présente parfois sous une telle appellation des Européens qui, à la suite de croisements avec des chats à poil long, possèdent une fourrure abondante. On dispose d'un premier élément de vérification : la taille du faux Skogatt est plus petite.

LE MAINE COON

Origine

Reconnu et populaire outre-Atlantique, le Maine Coon, dont la race est fixée depuis plus d'un siècle, est le chat américain par excellence. Son origine reste pour le moins obscure : descend-il de chats français que la reine Marie-Antoinette aurait expédiés aux États-Unis en espérant les rejoindre plus tard ? Serait-il le produit – improbable – des amours d'un chat sauvage... avec un raton laveur *(racoon)* ? Ou proviendrait-il de croisements entre Angoras venant d'Asie Mineure et chats domestiques du Maine ? De fait, l'incertitude demeure.

Aspect général

De par sa taille assez forte, son corps très musclé, ses jambes solides, son arrière-train puissant et, bien sûr, son épaisse fourrure, le Maine Coon présente quelque ressemblance avec le Chat des Forêts norvégien. Les couleurs de sa robe ne sont pas sans rappeler, par ailleurs, celles du raton laveur, raison pour laquelle certains ont pu lui attribuer cette ascendance.

Standard

Corps : à la fois musclé et élégant. Les pattes, souvent de couleur blanche, sont plutôt courtes mais fortes, bien séparées et proportionnées. Les pieds, ronds et grands, sont pourvus de poils entre les doigts. La queue, de longueur moyenne, est très touffue.
Tête : de largeur moyenne et ronde, avec des pommettes haut placées. Les oreilles sont touffues et portées droit. Le menton est fort et le nez, de profil, montre une légère dénivellation. Les yeux, grands et ouverts, sont ovales ; toutes les couleurs sont admises, mais le jaune est recommandé.
Robe : dense, très serrée, plus courte sur les épaules. La texture est soyeuse et le sous-poil fin.

Maine Coon noir et blanc.

Couleurs : avec le Maine Coon, on pénètre dans un véritable « maquis »... En effet, le standard de ce chat s'établit sur vingt-cinq couleurs différentes, auxquelles s'ajoutent huit combinaisons de Tabby, qu'on divise en quatre groupes ! C'est dire qu'en fait toutes les couleurs sont admises.
Défauts : un poil peu fourni, des muscles faibles, une queue insuffisamment touffue.

Maine Coon Tabby.

Échelle des points			
Tête	30	Fourrure et texture	25
Yeux	5	Condition	5
Corps	35	*Total*	*100*

Caractère et comportement

Intelligent et très rusé, le Maine Coon est aussi doux et calme. Plutôt casanier, il ne cherche guère à fuguer. De toutes ces années passées en pleine nature, il a gardé le goût de la chasse : petits mammifères et oiseaux ont tout lieu de le craindre.
Le Maine Coon s'adapte bien à la vie en intérieur, mais il sera beaucoup plus à son aise s'il dispose d'un jardin planté d'arbres. S'il vit confiné dans un appartement, il prendra rapidement l'habitude de sauter sur le haut des armoires, car il est capable d'effectuer des bonds absolument prodigieux.
Animal de bonne compagnie, il se montre aimable et affectueux envers toute la famille, même s'il marque une certaine préférence pour son maître. Il se défie quelque peu des étrangers.

Entretien et alimentation

Chat sain et vigoureux, capable de supporter des froids très vifs, le Maine Coon ne réclame pas de soins particuliers. Un brossage de temps à autre suffira.
On l'appelait autrefois « Chat des marins ». Il est un fait qu'il aime beaucoup le poisson ! Toutefois, on alternera viande et poisson pour ses repas, que l'on accompagnera de légumes, produits frais ou conserves.

Reproduction

La femelle Maine Coon n'est pas prolifique. Elle ne met bas que deux ou trois chatons par portée ; les petits sont parfois très différents les uns des autres. Joueurs, entreprenants, ils grandissent lentement et n'atteignent leur pleine maturité qu'à l'âge de quatre ans environ.

L'exposition

Quoique peu répandu encore sur le Vieux Continent, le Maine Coon commence à fréquenter aujourd'hui les expositions européennes. On le confond parfois avec le Skogatt, son proche cousin, dont il diffère par ses pattes, qui sont moins longues, et sa tête, un peu plus ronde.
Le toilettage en vue du concours sera effectué aussi soigneusement que pour tout autre chat à poil long.

LE TIFFANY

Origine

Créé en Amérique du Nord à partir du Burmese, le Tiffany est un chat à poil long, à la robe brune. Cette race connue et prisée en Amérique du Nord est encore peu répandue, particulièrement en Europe.

Aspect général

De taille moyenne, le Tiffany porte une collerette le faisant paraître plus grand qu'il ne l'est réellement. Sa tête s'inscrirait dans un triangle si elle n'était pourvue d'un poil abondant qui lui donne une forme plus large.

Standard

Corps : musclé et souple, il s'appuie sur des jambes assez longues. La queue, en panache, est très fournie.
Tête : le front est bombé, la mâchoire large, et les joues sont pleines. Les yeux, d'un jaune soutenu, ne présentent aucun strabisme.
Robe : longue et soyeuse, elle se développe jusqu'à l'âge de quatre ans.
Couleur : brune, bien répartie. La collerette se montre parfois un peu plus claire.

Caractère et comportement

Le Tiffany est intelligent, affectueux et curieux de tout. Il aime qu'on s'occupe de lui. A noter que ce chat ne craint pas les voyages.
Le Tiffany se complaît dans son rôle de chat d'appartement, mais il apprécie également la vie en plein air.

Entretien et alimentation

Un brossage suffisamment appuyé et uniforme, chaque matin, maintiendra sa fourrure en bon état.
Ce chat aime la viande et le poisson. On alternera donc en complétant par un tiers de légumes.

Reproduction

La chatte connaît ses premières chaleurs vers l'âge de sept ou huit mois. La portée moyenne est de cinq chatons.

Un chat « confidentiel »

Cette race demeure très peu connue dans le monde. Hors de l'Amérique du Nord, on en rencontre seulement quelques exemplaires en Grande-Bretagne. Mais les amateurs avertis assurent qu'il s'agit là d'un chat d'avenir.

LE CIMRIQUE (ou CYMRIC)

Origine

Il s'agit probablement d'un « mutant », qui apparut dans des portées de Manx, au Canada. Ces « marginaux » furent repris par des éleveurs américains. Le Cimrique naquit aux États-Unis en 1960. Son nom lui vient de *Cymric,* qui veut dire « Gallois » : on lui suppose, en effet, des ancêtres celtes.

Aspect général

Le Cimrique rappelle le Chat de l'île de Man (Manx). Comme lui, il ne possède pas de queue et présente un arrière-train développé ; il progresse par bonds plutôt qu'il ne court.

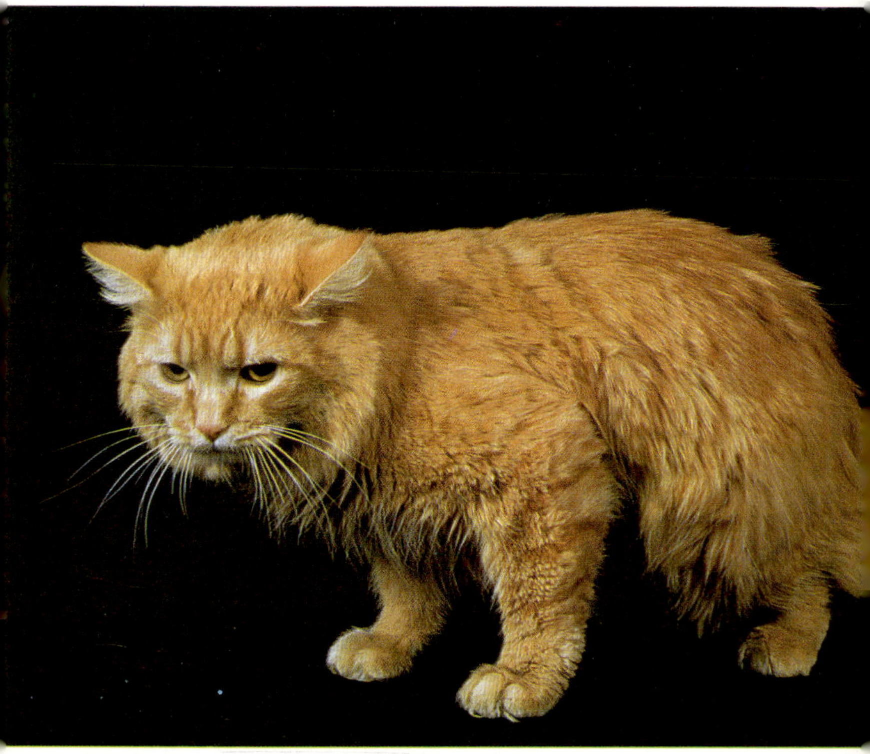

Cimrique.

Standard

Corps : solide, musclé et compact, avec une croupe arrondie. Les pattes postérieures sont plus hautes que les antérieures.
Tête : les oreilles, larges, sont portées en avant. Le nez est moyen. La couleur des yeux, grands et ronds, s'harmonise avec celle de la fourrure.
Robe : brillante et souple. Le poil est moyennement long et le sous-poil abondant. Toutes les couleurs sont admises.

Caractère et comportement

Intelligent, docile et joueur, le Cimrique est d'un abord facile. Il se montre très bon chasseur. Pour qu'il se sente à l'aise dans son environnement, on doit lui laisser la liberté d'aller et venir.

Entretien et alimentation

Ce chat jouit d'une bonne santé. Son entretien ne pose aucun problème ; un simple brossage est à effectuer périodiquement. On lui offrira une nourriture variée.

Reproduction

Il n'est pas certain que l'on obtienne une portée composée uniquement de Cimriques, ni que les chatons viennent au monde sans queue.

INDEX DES RACES ET VARIÉTÉS

(décrites ou citées dans la partie monographique)

TABLE DES ILLUSTRATIONS

(figurant dans la partie monographique)

PETITE BIBLIOGRAPHIE

Le Livre du chat, M. Wright et S. Walters, Septimus Éditions.
Les Chats, G. Pugnetti, Nathan.
Le Monde du chat, M. Champigny, Payot.
Le Grand livre du chat, Tylineck et Burger, Éditions Siloé.
Le Chat et l'homme, G. Grilhé, Éditions Vilo.
Le Monde fascinant des chats, A. Sayer, Gründ.
Les 20 meilleurs chats, R.-P. Audras, Dargaud Éditeur.
Les Chats, R. Wolff, H. Braemer et R.-P. Audras, Hatier.
L'Encyclopédie des chats, C. Sacase, Bordas.
Comprendre son chat, F. Manolson et D. Hardy, Bordas.
Le Livre d'or du chat, G. Barnay, Seghers.
Le Chat, sous la direction du Dr Rousselet-Blanc, Larousse.
Le Livre des chats heureux, J. Voulet et R. Forlani, Chêne.
J'élève mon chat, Dr Rousselet-Blanc et C. Lais, Balland.
Dictionnaire médical du chat, Drs Norris et Schneck, Presses de la Renaissance.

TABLE DES MATIÈRES

DANS LA MÊME COLLECTION

RÉFÉRENCES PHOTOGRAPHIQUES

La documentation photographique a été réalisée par **l'agence Nature,** B.P. 75, 63405 Chamalières Cedex, France.

CHAUMETON-MIGNOT / NATURE : 64 hg. **ENJELVIN / NATURE :** 41. **FERRERO/NATURE :** 32b, 55. **JESSUELD :** 7, 10, 13, 16, 32h, 37, 49, 130, 164. **LACZ / DIAPO :** 5, 25, 27, 30, 34, 35, 47, 51, 65, 67, 70, 72, 74, 75, 77, 78, 79, 81, 82, 86, 89, 90, 93, 95, 99, 100, 103, 104, 107, 110, 113, 115, 116, 119, 121, 123, 125, 128, 131, 132, 135b, 137, 138, 145, 147, 149, 150, 156, 157, 158, 159, 160, 163, 166, 168, 171, 179, 180, 183. **LANCEAU / NATURE :** 9, 19. **NATURE :** 2, 20, 21, 23, 24, 38, 43, 45, 52, 61, 62, 63, 64hd, 71, 118, 135h, 141, 152, 154, 155, 174, 176-177. **OKAPIA :** 85. **SAUER / NATURE :** 29. **STEPHE BRUIN :** 54, 56, 59h, 59bg, 59bd, 60, 69, 143, 148, 151, 173.